DIES LAND GEHÖRT ISRAEL

Die Auseinandersetzung um das Heilige Land

HANS KRISTIAN NEERSKOV

CKV
Christliche Kommunikation und Verlagsgesellschaft, Lübeck

ISBN 3-86098-162-5

Titel der dänischen Originalausgabe:
Hvem tilhoerer Det hellige Land?

Copyright © 1996 der deutschen Ausgabe
Christliche Kommunikation und Verlagsgesellschaft
Mühlenstraße 50
23552 Lübeck
Bundesrepublik Deutschland
Übersetzung: Peter und Birgit Saur
Gedruckt in Deutschland

Die Bibelzitate wurden der Lutherbibel in der revidierten Fassung von 1984 entnommen.

WIDMUNG

Dieses Buch ist meiner Mutter, Astrid Neerskov, gewidmet, die das jüdische Volk liebte und - neben vielen anderen Interessen - die Entstehung und Entwicklung des Staates Israel aufmerksam verfolgte. Sie lehrte mich schon als Kind die Furcht des Herrn und die Liebe zu seinem Volk. Dieses Buch ist daher eine Frucht ihres Lebens.

INHALTSVERZEICHNIS

V

VORWORT

Eine der wichtigsten staats- wie auch weltpolitischen Fragen lautet heute: "Wem gehört das Heilige Land?" Die Medien befassen sich laufend mit diesem Thema, und sogar Kirchenspaltungen wurden dadurch verursacht. Der Streit, der viele Gemüter erhitzt, wogt hin und her.

Daher hielt ich es für wichtig, in diesem Buch die Sachlage in leicht verständlicher Form darzustellen. Diejenigen Leser, die nach einer Auflistung der unterschiedlichen Argumente für eine eigene Meinungsbildung suchen, werden enttäuscht sein, denn dafür ist mir das Thema zu wichtig. Oft wird es furchtbar verdreht und einseitig dargestellt. Daher habe ich mich entschieden, aus meiner ganz persönlichen Sicht heraus zu schreiben. Diese Sicht ist kein Geheimnis: Ich glaube, daß das Heilige Land dem jüdischen Volk gehört.

Dies bedeutet jedoch nicht, daß ich irgendwelche negativen Gefühle gegen die Araber oder andere Moslems hege. Sie sind bewundernswerte Menschen, die ein Heimatrecht in vielen Ländern beanspruchen können. Und wie sie ja auch selbst zu Recht sagen, sind sie durch den enormen Ölreichtum in besonderer Weise von Gott gesegnet worden. Haben sie das Recht, ihres Nächsten Land zu begehren?

H. K. Neerskov

VII

EINIGE ZENTRALE FRAGEN

Haben die Juden ein Anrecht auf das alte Land Palästina, obwohl es sich jahrhundertelang nicht unter ihrer Herrschaft befand?

Wenn die Juden aufgrund von Gottes Verheißungen an Abraham das Land für sich beanspruchen, können es dann die Araber, ihre Halbbrüder, nicht ebenso? Schließlich sind sie die Nachkommen von Ismael, Abrahams Erstgeborenem, während die Juden von dem danach geborenen Isaak abstammen.

Sind nicht auch die Ansprüche der PLO auf das Land berechtigt? Sollte sich Israel nicht intensiver mit den Problemen der Araber, insbesondere mit der Not jener "palästinensischen Araber" befassen, die seit der Staatsgründung Israels 1948 ein trauriges Dasein als Flüchtlinge fristen müssen?

Sollte sich Israel nicht mit den ihm zugesprochenen Gebieten zufriedengeben, nachdem das Land 1947 durch eine UN-Resolution zwischen Juden und Arabern aufgeteilt worden war?

Sollte Israel nicht alle in mehreren Kriegen eroberten Gebiete zurückgeben?

EINLEITUNG

DER STAAT ISRAEL

Der Staat Israel existiert nunmehr seit 50 Jahren. 1947 beschloß die UNO die Aufteilung Palästinas zwischen Juden und Arabern. Auch wenn die Anteile, die Israel zugesprochen wurden, erheblich kleiner ausfielen, als von den Juden erhofft, akzeptierten sie diese Teilung, um überhaupt Land zu bekommen. 1948 wurde der Staat Israel gegründet; 1949 erhielt er die UNO-Mitgliedschaft und wurde so im 20. Jahrhundert abermals ein eigenständiger, unabhängiger Staat. Aber obwohl Israel das Land den Arabern nicht weggenommen hat (eher trifft das Gegenteil zu), ist dieses kleine Land nie zur Ruhe gekommen. Die Araber und andere islamische Staaten wollen, wie auch viele andere Nationen der Welt, das entstandene Leben wieder auslöschen. Dennoch arbeitet diese kleine Nation unermüdlich an der Verwirklichung des Traumes von einem friedlichen Land für das jüdische Volk, das jahr-tausendelang Hohn und Spott, Verfolgung und Massenmord erlebt hat.

KRIEGSZUSTAND

Israel gewährte den Arabern, die in den Israel zugeteilten Gebieten lebten, von Anfang an das Bleiberecht auf der Grundlage friedlicher Koexistenz. Die Araber sollten dieselben Rechte genießen wie alle anderen Bürger dieses demokratischen Staates. Aber kaum gegründet, wurde Israel auch schon von einer riesigen Armee angegriffen. Die Welt erstarrte in atemloser Spannung. Würde der entstandene Staat gleich wieder vernichtet und das Volk der Juden ins Meer geworfen werden, wie die Araber angekündigt hatten?

Nein, entgegen allen Erwartungen errang Israel den Sieg und fügte die eroberten Gebiete seinem Staatsgebiet hinzu. Doch obwohl die Angreifer den Krieg verloren hatten, verlangten sie die von Israel eroberten Gebiete zurück und kündigten an, daß der Staat Israel bald auf keiner Landkarte mehr zu finden sein würde. Seitdem befindet sich Israel ununterbrochen im Kriegszustand, in dessen Verlauf es inzwischen zu mehreren Kriegen gekommen ist. Nur ein einziger dieser Kriege wurde von Israel begonnen, und zwar nach lang anhaltender Provokation: Im Jahre 1982 marschierte Israel in den Libanon ein. Seither ist die Haltung der Weltöffentlichkeit Israel gegenüber sehr negativ. Man vergaß, daß Israel mehr als zehn Jahre lang provoziert worden war, bis es angriff, um den Anschlägen, wenn möglich, ein Ende zu machen.

Nach dem Sechs-Tage-Krieg 1967 hatte sich der Libanon zu einem Stützpunkt für schwerbewaffnete Terrororganisationen entwickelt, die in vielen Bereichen mit der immer mehr an Stärke und Einfluß gewinnenden PLO zusammenarbeiteten. Nach dem sogenannten "Schwarzen September" 1970 in Jordanien wurden diese Terrorgruppen zum Auslöser des Bürgerkrieges zwischen Christen und Moslems im Libanon. Dieser Krieg dauerte etwa ein Jahr und kostete 98.000 Menschen das Leben, etwa 225.000 wurden verwundet. Auch nach dem eigentlichen Ende des Krieges 1976 wurden die Kämpfe immer wieder neu entfacht, bis die Militäraktion der Israelis im Jahre 1982 die Feindseligkeiten dämpfte.

Israel hatte seine Lektion schon 1978 durch die "Operation Litani" gelernt, als es durch Luftangriffe einige Stützpunkte der Terroristen im Libanon zerstörte. Die UNO hatte schon lange eine bessere Überwachung dieses Gebietes versprochen, was jedoch nicht geschehen war.

Obwohl der Bürgerkrieg andauerte, war durch die "Operation Litani" für kurze Zeit Ruhe in Israel eingekehrt. Allerdings gelang es den UNO-Truppen bereits seit 1980 nicht mehr, die Angriffe der Terroristen auf Israel vom Südlibanon aus zu unterbinden.

Zwischen 1980 und 1982 griffen die Terroristen der PLO Israel insgesamt 248mal mit Raketen, Granaten und Bombenanschlägen auf die Zivilbevölkerung an. Auch Überfälle auf Touristen wurden verübt. Dadurch war auch der Tourismus, eine wichtige Einnahmequelle für Israel, gefährdet. Allein im Mai 1982, kurz vor Israels Angriff auf den Libanon, wurden 29 Menschen durch 26 Überraschungsangriffe getötet und 260 verletzt, davon 170 Touristen (siehe John Laffin, "The Desperate War", S. 4).

SCHULDZUWEISUNGEN

Mit dieser Bedrohung konnte Israel nicht länger leben. Auch war bekannt, daß große Waffenarsenale im Libanon lagerten. Obwohl die Attacken der Terrorgruppen vor allem die Zivilbevölkerung trafen und daher nicht eindeutig als erneuter Krieg gegen Israel bezeichnet werden konnten, ging Israel schließlich zum Gegenangriff über. Aus diesem Grund wurde es später beschuldigt, den Krieg begonnen zu haben. Der Name, den Israel der Militäraktion gab, "Operation Frieden für Galiläa", veranschaulichte den verzweifelten Versuch, mit den seit 15 Jahren anhaltenden Provokationen fertig zu werden. Es zeigte sich, daß diese Aktion nötig gewesen war, denn im Libanon wurden Arsenale mit solchen Mengen an Munition, Waffen und Panzern gefunden, daß ein Lastwagenfahrer für deren Abtransport bei einer regulären täglichen Arbeitszeit von acht Stunden 29 Jahre benötigt hätte. Hier die Auflistung im einzelnen:

4.000 Tonnen Munition, 12.506 leichte Waffen, 144 Militärfahrzeuge, 516 schwere Waffen, einschließlich Artilleriegeschütze, 359 Geräte zur Nachrichtenübermittlung, 795 optische Geräte.

Interessant ist, daß nahezu alle diese Waffen in der damaligen UdSSR hergestellt worden waren. Darunter befanden sich allein 100 sowjetische Panzer.

XI

1 DER TRAUM VON EINEM JÜDISCHEN STAAT

HISTORISCHER ÜBERBLICK

Seit Tausenden von Jahren brennt in den Herzen der Juden das sehnsüchtige Verlangen nach dem Land, das Gott Abraham und seinen Nachkommen verheißen hat.

Das babylonische Exil von 586 - 538 v. Chr., in das die Bewohner des Südreiches Juda geführt wurden, hat das Verlangen der Juden, wieder in einem eigenen Staat im Heiligen Land zu leben, nur noch stärker werden lassen.

Bereits im Jahre 722 v. Chr. waren die Bewohner des Nordreiches Israel in die assyrische Gefangenschaft geführt worden, aus der sie nie zurückkehrten. Die Judäer im Südreich, die häufig mit ihren Nachbarn im Norden Krieg geführt hatten, erkannten darin Gottes Strafe.

Nach dem "Goldenen Zeitalter" der Regierungszeit König Salomos war das Königreich 931 v. Chr. in das Nordreich Israel und das Südreich Juda geteilt worden. Bereits der erste König des Nordreiches, Jerobeam I., war ein gottloser Herrscher, der das Volk zum Götzendienst verführte. In den 200 Jahren seiner Existenz hatte das Nordreich, im Gegensatz zum Südreich Juda, nicht einen einzigen gottesfürchtigen König.

In Juda war man sich sicher, Gottes auserwähltes Volk auf dieser Erde zu sein, so daß sein Schutz es vor einer Gefangenschaft, wie sie Israel getroffen hatte, bewahren würde. Als dann ein Großteil der Bevölkerung im Jahre 586 v. Chr. nach zwanzigjähriger Vorherrschaft des babylonischen Reiches in die Gefangenschaft nach Babylon geführt wurde, waren die Menschen zutiefst erschrocken und taten aufrichtig Buße.

Während der Zeit dieses ersten Exils wurden jene Psalmen und Lieder geschrieben und in die Heilige Schrift aufgenommen, die so sehr von der Trauer des jüdischen Volkes über den

Fall Jerusalems erfüllt sind. Bis heute sind viele Lieder und Gebete der Juden von ihnen geprägt.

Als das babylonische Reich im Jahre 539 v. Chr. mit der Eroberung Babylons durch den Perserkönig Kyrus fiel, war für die Juden der Weg zurück ins Heilige Land wieder frei, wie es der Prophet Jesaja vorausgesagt hatte (siehe die Kapitel 40 - 52 des Buches Jesaja).

Unter der Führung von Serubbabel und später unter Esra und Nehemia kehrte das Volk in das Land seiner Väter zurück und baute dort die Mauern Jerusalems und den Tempel wieder auf. Die vergangenen ruhmreichen Tage sollten jedoch nicht mehr wiederkehren. Die Könige des Perserreiches herrschten weiterhin über Judäa, und als Alexander der Große in den Jahren 333 - 331 v. Chr. Persien eroberte, kam auch das Heilige Land unter die Herrschaft des griechischen Weltreiches. Flächenmäßig war es das größte Reich der damaligen Zeit; seine Lebensdauer war jedoch sehr kurz - sie betrug nur 13 Jahre. Nach dem Tod Alexanders des Großen im Jahre 323 v. Chr. wurde es zwischen seinen Generälen aufgeteilt. Das Heilige Land wurde dadurch zum Schlachtfeld und Zankapfel zwischen Ägypten und Syrien und blieb für mehr als 100 Jahre (301 - 198 v. Chr.) unter ägyptischer Vorherrschaft. Danach beherrschten die Syrer 32 Jahre lang das Heilige Land.

Nach der Niederlage der syrischen Seleukiden im Jahre 128 v. Chr. war es für 65 Jahre, zumindest teilweise und unter großen inneren und äußeren Unruhen, wieder politisch unabhängig, bevor Pompeius 63 v. Chr. Jerusalem eroberte und das gesamte Land römischer Herrschaft unterstellt wurde.

Im Jahre 66 n. Chr. begannen die Juden einen Aufstand gegen Rom, ausgelöst durch den Glauben an ihre göttliche Erwählung und durch die Rückbesinnung auf Israels frühere Größe unter seinen Königen David und Salomo. Durch die grausame Realität der Unterdrückung des jüdischen Volkes durch Rom entstand ein starker, auch sozial motivierter Widerstand gegen das harte Besteuerungs- und Zollsystem der Römer, unter dem das Volk sehr litt. Der Aufstand entwickelte sich zu einem vier Jahre andauernden Partisanenkrieg. Nach zwei Jahren, am 9. Juni 68 n. Chr., starb der römische Kaiser Nero. Titus, der Sohn von Neros Nachfolger Vespasian, zerstörte dann 70 n. Chr. den Tempel des Herodes in Jerusalem.

Dieser Krieg kostete zwischen 600.000 und einer Million Juden das Leben. Mit der Zerstörung ihres geistlichen Mittelpunktes verlor die Stadt ihre kulturelle Bedeutung. Damit war auch Jerusalems glanzvolle Zeit als Handelsmetropole beendet.

Kaiser Vespasian führte eine neue, gegen die Juden gerichtete Steuer ein, die nicht nur eine hohe finanzielle Belastung, sondern auch eine schwere Beleidigung für das jüdische Volk darstellte, da diese Steuer sie zum Götzendienst zwang. An die Stelle der jährlichen Abgabe von einem halben Schekel, den alle Juden zuvor für den Erhalt des Tempels gespendet hatten, trat nun die Abgabe von 2 Drachmen, die jetzt jeder Jude, einschließlich der Frauen und Kinder, für den Jupitertempel auf dem Kapitol in Rom zahlen mußte.

Viele Juden verloren ihren Mut und die Hoffnung auf eine bessere Zukunft. Nach vielen Jahren der Fremdherrschaft unter verschiedenen Weltreichen, angesichts grausamer Unterdrückung seitens der Römer durch Steuern und Abgaben, angesichts großen wirtschaftlichen Druckes, angesichts der vielen Toten des Aufstandes von 66 - 70 n. Chr. und der Zerstörung des Tempels durch Titus war die Einheit der Juden gebrochen und ihr Einfluß endgültig geschwunden. Viele zogen fort und ließen sich in anderen Teilen der Welt nieder.

Seitdem ist die Hoffnung, wieder als eigenständige Nation im Heiligen Land zu leben, durch die Jahrtausende in den Herzen der Juden lebendig geblieben. In allen religiösen jüdischen Familien auf der ganzen Welt gehört zur jährlichen Feier des Passafestes auch der traditionelle Ausspruch: "Nächstes Jahr in Jerusalem!"

Die folgende Übersicht soll dazu dienen, sich einen Überblick über Israels Geschichte von Abraham bis in die heutige Zeit zu verschaffen.

CHRONOLOGISCHE ÜBERSICHT
VON ABRAHAM BIS 70 NACH CHRISTUS

	1977	v. Chr.	Abrahams Berufung
	1762	v. Chr.	Jakobs Familie zieht nach Ägypten
1762 -	1332	v. Chr.	Die Israeliten in Ägypten
1332 -	1292	v. Chr.	Wüstenwanderung
	1292	v. Chr.	Einzug in das verheißene Land
1292 -	1051	v. Chr.	Die Zeit der Richter
1051 -	586	v. Chr.	Die Zeit der Könige

Das vereinte Königreich unter drei Herrschern:

1051 -	1011	v. Chr.	Saul
1011 -	971	v. Chr.	David
971 -	931	v. Chr.	Salomo
	931	v. Chr.	Teilung des Königreichs

Das Nordreich Israel

931 -	722	v. Chr.	Das Nordreich Israel unter 20 Königen
	722	v. Chr.	Eroberung Samarias und Wegführung des Volkes nach Assyrien

Das Südreich Juda

931 -	586	v. Chr.	Das Südreich Juda unter 20 Königen
606 -	562	v. Chr.	Nebukadnezar II. von Babylon
	606	v. Chr.	Wegführung der judäischen Oberschicht nach Babylon
	586	v. Chr.	Wegführung des restlichen Volkes nach Babylon
	586	v. Chr.	Fall Jerusalems und Zerstörung des Tempels
	538	v. Chr.	Erste Rückkehr unter der Herrschaft des Kyrus von Persien
	516	v. Chr.	Weihe des wiederaufgebauten Tempels in Jerusalem durch Serubbabel
	458	v. Chr.	Zweite Rückkehr (Esra)
	444	v. Chr.	Dritte Rückkehr (Nehemia)

332	v. Chr.	Alexander der Große erobert das Land
332 - 323	v. Chr.	Das Heilige Land unter griechischer Herrschaft
323 - 301	v. Chr.	Das Heilige Land als Schlachtfeld zwischen Ägypten und Syrien
301 - 198	v. Chr.	Unter ägyptischer Herrschaft
198 - 166	v. Chr.	Unter syrischer Herrschaft
168	v. Chr.	Entweihung des Tempels
166 - 160	v. Chr.	Judas Makkabäus (164 Rückeroberung und Befreiung des Tempels)
160 - 143	v. Chr.	Jonathan
143 - 135	v. Chr.	Simon Makkabäus (142 Vertreibung der Syrer aus dem Land)
134 - 104	v. Chr.	Johannes Hyrkanos (128 Sieg über die Seleukiden)
104 - 103	v. Chr.	Aristobulos I.
103 - 76	v. Chr.	Alexander Jannäus
76 - 67	v. Chr.	Königin Salome und Hyrkan II.
67 - 63	v. Chr.	Krieg zwischen Hyrkan II. und Aristobulos
63	v. Chr.	Die Römer ergreifen Partei für Hyrkan II. und erobern das Land
63 - 40	v. Chr.	Hyrkan II. Hoherpriester
37 - 4	v. Chr.	Herodes der Große
4 v. Chr. - 6	n. Chr.	Archelaus Vierfürst von Judäa
6 - 41	n. Chr.	Judäa, Samaria und Idumäa römische Provinzen (26 - 36 Pontius Pilatus) Regentschaft von Herodes Philippus und Herodes Antipas
41 - 44	n. Chr.	Herodes Agrippa
66	n. Chr.	Beginn des Aufstandes gegen Rom
67	n. Chr.	Vespasian erobert Galiläa
70	n. Chr.	Zerstörung des Tempels

Nachweis: H. K. Neerskov: Det gamle Testamentes Frelseshistorie (Die Heilsgeschichte des Alten Testaments), DOXA Verlag 1984.

GESCHICHTLICHER HINTERGRUND DER JAHRE 70 - 1917 NACH CHRISTUS

Dieser historische Zeitraum kann in fünf Abschnitte unterteilt werden:

70 - 634 n. Chr.	Die Juden verlieren an Einfluß im Heiligen Land unter römischer und persischer Herrschaft
634 - 1099 n. Chr.	Arabische Besetzung des Heiligen Landes
1099 - 1291 n. Chr.	Kreuzfahrerzeit
1291 - 1517 n. Chr.	Mamelucken-Herrschaft
1517 - 1917 n. Chr.	Osmanische Zeit (türkische Herrschaft)

Nach der Zerstörung des Tempels im Jahre 70 n. Chr. schwand allmählich der jüdische Einfluß im Land. Viele Juden wurden als Sklaven verkauft oder in der Arena den wilden Tieren vorgeworfen. Obwohl zeitgenössische Quellen zweifellos zu hohe Zahlen angeben, wurden doch mit Sicherheit mehrere hunderttausend Juden umgebracht oder verschleppt. Städte und Dörfer wurden geplündert und bis auf die Grundmauern niedergebrannt, Baumplantagen wurden gefällt und Weinberge zerstört, so daß die Landwirtschaft völlig zum Erliegen kam.

Viele jüdische Familien, die zuvor von den verschiedenen Arbeiten für den Tempel gelebt hatten, standen nun völlig mittellos da. Zur selben Zeit begann die Verfolgung der Juden aus religiösen Gründen, von der besonders die Familien aus der Nachkommenschaft des Hauses David betroffen waren, denn man wollte mit ihrer Ausrottung den Juden endgültig die Hoffnung auf eine nationale Wiederherstellung der davidischen Königsherrschaft nehmen.

Das ganze Land kam unter römische Herrschaft. Der größte Teil des jüdischen Eigentums und Grundbesitzes wurde beschlagnahmt und gelangte unter anderem in die Hände von 800 römischen Veteranen. Den Juden blieben lediglich drei Orte mit Stadtstatus, in denen jüdisches Eigentum nicht beschlagnahmt wurde, und zwar Jaffa, Slavia und Neapolis. Es war ihnen verboten, in ehemals jüdischen Gebieten neue Städte zu gründen.

Der Einfluß des römischen Militärs im Lande nahm immer mehr zu. Überall an den Grenzen und Straßen wurden Wachtürme errichtet. Die Juden, denen man ihren Besitz nicht weggenommen hatte, mußten hohe Steuern zahlen, weshalb immer mehr Juden schließlich als Sklaven verkauft wurden.

Die römische Dynastie der Severer (193 - 235 n. Chr.) brachte eine kurze Zeit des Aufschwungs und der Blüte für die Juden. Dann jedoch folgte eine Zeit der Anarchie unter ständig wechselnden Kaisern, mit der die frühere Kaiserzeit im Jahre 285 n. Chr. endete. Die spätere Kaiserzeit der Jahre 285 - 476 n. Chr. begann mit einer furchtbaren Hungersnot, die viele Juden zwang, das Land zu verlassen, so daß es im 4. Jahrhundert nur noch eine kleine Minderheit von Juden im Heiligen Land gab. Dieser jüdischen Minderheit drohte eine weitere Gefahr, als Kaiser Konstantin der Große im Jahre 313 n. Chr. das Christentum zur offiziellen Religion im gesamten römischen Reich erklärte. Bis zu diesem Zeitpunkt hatte sich die jüdische Kultur zwar bereits gegen eine heidnische Welt behaupten müssen, aber diese hatte im Großen und Ganzen wenigstens das grundsätzliche Existenzrecht der Religion dieses Volkes anerkannt.

Verständlicherweise hatte die christliche Kirche ein besonderes Interesse am Heiligen Land. Für die jüdische Bevölkerung bedeutete dies, daß die Kirche versuchte, sie zum Christentum zu bekehren. Die Juden behielten jedoch weiterhin ihre ablehnende Haltung gegenüber der christlichen Staatsreligion. Folglich wurden antijüdische Gesetze erlassen. Allmählich begann sich die öffentliche Meinung gegen die Juden zu richten. Das Interesse der Christen galt mehr und mehr den heiligen Stätten im Land und nicht mehr den Juden, die ihrerseits kein Interesse zeigten, Christen zu werden. Aus diesem Grund meinten immer mehr Christen, man müsse das jüdische Viertel in Jerusalem zerstören und das Volk vernichten, das sich ihrer Ansicht nach Gott widersetzt. Mittlerweile waren zahlreiche christliche Kirchen im Land errichtet worden, und Christen aus vielen Ländern strömten ins Heilige Land. In der ersten Hälfte des 4. Jahrhunderts zogen Kaiser Konstantin und seine Mutter Helena, die sich zum christlichen Glauben bekannte, ins Heilige Land, wo sie viele Kirchen bauen ließen, die zum Teil heute noch touristische Sehenswürdigkeiten sind. Zwischen dem 4. und dem 6. Jahrhundert entstanden im Heiligen Land viele Klöster durch Mönche, die aus den verschiedensten Nationen kamen.

Nach dem Fall des weströmischen Reiches im Jahre 476 n. Chr. folgte die Zeit des byzantinischen Reiches, in dem die Juden immer heftiger von den Christen angegriffen wurden. Diese waren allerdings selbst untereinander stark zerstritten über die theologische Frage, ob Jesus Gott gleich oder nur ähnlich sei.

Im Jahre 603 beschlossen die Perser, ihr Reich in seiner alten Größe wiederherzustellen, und griffen das byzantinisch-römische Reich an. Im Jahre 614 marschierten sie in das Heilige Land ein, wobei einzelne jüdische Gruppen ihnen bei der Einnahme Jerusalems im Mai 614 halfen.

Die Perser unterstellten Jerusalem wieder jüdischer Herrschaft und begannen, die Christen zu vertreiben und ihre Kirchen zu zerstören. Nur drei Jahre später verbündeten sich die Perser dann jedoch mit den Christen im Kampf gegen die Juden. Viele Juden kamen dabei um.

Mittlerweile war die Macht des Kaisers von Byzanz wieder erstarkt, und im Jahre 622 begann er, das persische Reich zu erobern. Im Jahre 627 mußten die Perser ihre völlige Niederlage eingestehen und zogen sich mit ihren Truppen in ihr Land zurück. Die Juden schlossen danach einen Vertrag mit den Byzantinern, und am 21. März 629 kam der Kaiser mit großem Pomp nach Jerusalem. Dieses Friedensabkommen war jedoch nur von kurzer Dauer, denn der Druck der christlichen Kirche auf den Kaiser war so stark, daß er sein

Versprechen brach und ein Dekret erließ, um die Juden aus Jerusalem zu vertreiben. Große Schauprozesse wurden veranstaltet und viele Juden ermordet. Die meisten Juden wurden schließlich aus dem Land vertrieben.

DIE ZEIT DER ARABISCHEN BESETZUNG (634 - 1099)

Nach der Einführung der neuen Religion des Islam durch Mohammed wurden die Araber zunehmend aggressiver. Da die Perser von den Byzantinern zum Rückzug in ihr eigenes Land gezwungen worden waren, hatten die Araber leichtes Spiel. Der Machtbereich der Byzantiner war begrenzt, und auch Ägypten spielte zu der Zeit in der Weltpolitik keine bedeutende Rolle.

Allerdings erlitten die Araber im Jahre 629 bei Muta südöstlich des Toten Meeres eine schwere Niederlage. Arabische Historiker berichten, daß nach Mohammeds Tod im Jahre 632 drei Generäle für die Eroberung Syriens und des Heiligen Landes eingesetzt wurden. Zwischen 633 und 634 erlitten die Byzantiner drei große Niederlagen, und die Araber setzten ihren Feldzug fort. Die Byzantiner flohen durch Transjordanien nach Syrien, aber am 20. August 636 befand sich ganz Syrien einschließlich Damaskus in den Händen der Araber. Die arabischen Truppen rückten dann gegen die Städte Jerusalem, Cäsarea und Aschkelon vor, die noch von byzantinischen Truppen gehalten wurden. Innerhalb weniger Jahre befand sich das Heilige Land vollständig unter arabischer Herrschaft.

Die Eroberung des Heiligen Landes durch die Araber hatte enormen Einfluß auf die weitere Entwicklung in der westlichen Welt. Das Heilige Land war für die Beduinen aus der Wüste das Tor zur westlichen Welt und brachte sie in direkte Berührung mit einer 2.000 Jahre alten Kultur. Wenn die Araber sich mit der Eroberung des persischen Reiches zufriedengegeben hätten, hätten sie vermutlich keinerlei Einfluß auf die Geschichte der westlichen Welt gehabt. So aber fuhren sie fort, ein Land nach dem anderen zu erobern, und zwar zunächst alle Länder Nordafrikas. Dann setzten sie bei Gibraltar nach Spanien über, das sie ebenfalls zum größten Teil einnahmen. Schließlich befand sich fast die Hälfte von Frankreich unter islamischer Herrschaft.

Auch nach der Invasion der Araber konnte sich die jüdische Bevölkerung im Heiligen Land halten. Juden ließen sich als Bauern im Negev südlich des Toten Meeres, am Golf von Eilat und in Transjordanien nieder. Es ist bekannt, daß sich bereits unter den Gesandtschaften, die Mohammed aufsuchten, nachdem er zu Macht und Einfluß gelangt war, auch Juden aus Transjordanien und Eilat befanden, die um seinen Schutz baten.

Bis in das 10. und 11. Jahrhundert lebten viele Juden unter arabischer Vorherrschaft in den zwischen Jericho und Akko liegenden Gebieten des Heiligen Landes einschließlich des heute als "Westbank" bekannten Landesteils. Im 11. Jahrhundert lebten auch viele Juden in Gaza, Arpha und El Arish, die jedoch während der Kreuzzüge aus diesen Gebieten verschwanden.

DIE ZEIT DER KREUZFAHRER (1099 - 1291)

Die Zeit der arabischen Vorherrschaft im Heiligen Land endete im Jahre 1099, nachdem Papst Urban II. im Jahre 1095 in Clermont die Franzosen dazu aufgerufen hatte, das Heilige Land zu befreien und für das Christentum zurückzugewinnen. Die Resonanz war gewaltig. Petrus der Eremit war der Anführer der ersten Kreuzfahrer. Fanatische Bauernhorden zogen durch Süddeutschland und Ungarn ostwärts zum Balkan. Auf ihrem Wege überfielen und zerstörten sie unzählige jüdische Gemeinden. Diese fanatischen Horden kamen allerdings nie im Heiligen Land an; sie fanden ihr gewaltsames Ende zwischen Juli und Oktober 1096 in der Türkei. Zwei Jahre danach wurde dann ein christliches Heer aufgestellt, das das Heilige Land ein Jahr später, im Mai 1099, auf dem Weg durch den Libanon erreichte.

Das Ziel der Kreuzritter war zunächst Jerusalem, das sie am 15. Juli 1099 eroberten. Die Stadt kapitulierte, nachdem die Truppen Gottfried von Bouillons durch die nördliche Festungsmauer und die Streitkräfte von Raimund von Toulouse am Zionshügel in die Stadt eingedrungen waren. Die Kreuzfahrer richteten ein furchtbares Blutbad an, in dem 20.000 bis 30.000 Menschen umkamen. Die Juden, die ihr Stadtviertel heldenhaft verteidigt hatten, wurden entweder erschlagen oder in ihrer Synagoge verbrannt; andere wurden als Gefangene nach Italien gebracht und dort als Sklaven verkauft. Nur wenigen glückte die Flucht nach Aschkelon oder Ägypten.

Die Kreuzfahrer benötigten weitere zehn Jahre, um die Küstenstädte einzunehmen. Aschkelon, das als ägyptischer Brückenkopf eine besondere Bedrohung für sie darstellte, fiel erst im Jahre 1153. Zu dem Zeitpunkt war sowohl das ganze Gebiet zwischen Syrien und Ägypten als auch die nördliche Pilgerroute nach Mekka und Medina unter der Kontrolle der Kreuzfahrer.

Der Tod Saladins im Jahre 1193 bot ihnen eine neue Gelegenheit, das islamische Großreich zu erobern. Da sie jedoch aus verschiedenen eigenständigen Gruppen bestanden, die sich nicht auf eine gemeinsame Strategie zu einigen vermochten, konnten sich die Kreuzfahrer diese Situation nicht zunutze machen. Dennoch zerstörten die Moslems aus Furcht vor ihnen viele ihrer eigenen Festungen. Die Kreuzfahrer warteten nun darauf, daß der deutsche Kaiser Friedrich II. ihnen bei der Eroberung des Tempelplatzes, des letzten Teiles von Jerusalem, der noch unter moslemischer Herrschaft stand, zu Hilfe kam. Die Ankunft des Kaisers, der überdies vom Papst exkommuniziert worden war, verzögerte sich jedoch bis zum Jahr 1228. Ohne einen Krieg zu beginnen, nahm Kaiser Friedrich II. die Stadt ein, ernannte sich selbst zum König von Jerusalem und verließ das Land wieder.

Die Ägypter verbündeten sich daraufhin mit den Türken. Während diese vom Norden aus angriffen, rückten die Ägypter aus dem Süden vor. Die Türken eroberten Jerusalem im August 1244 und nahmen danach Galiläa ein. Die Ägypter eroberten Judäa, Samaria und drei Jahre später Tiberias und Aschkelon. Ägypten baute seine Machtstellung aus. Eine Festung nach der anderen wurde eingenommen, weil die Kreuzfahrer untereinander keinen Zusammenhalt hatten, sondern einzelne Abkommen mit den ägyptischen Heerführern schlossen, um ihre jeweiligen Eigeninteressen zu schützen. Im Mai 1291 fiel dann die letzte befestigte Stellung der Kreuzfahrer, und die ägyptischen Mamelucken übernahmen die Macht.

Die Zeit der Kreuzzüge war einer der dunkelsten Abschnitte in der Geschichte der Juden im Heiligen Land. Dennoch haben jüdische Gemeinden im Land überlebt, die an der Seite der Moslems gegen die Kreuzfahrer kämpften. Zu der Zeit lebten die meisten Juden in Nordgaliläa sowie in Hafenstädten wie Sidon, Tyrus, Akko, Haifa, Cäsarea und Aschkelon, und natürlich auch in Jerusalem, Bethlehem, Hebron und anderen Orten in Judäa und Galiläa.

DIE ZEIT DER MAMELUCKEN-HERRSCHAFT (1291 - 1517)

Mehr als 200 Jahre lang behielten nun die Ägypter die Macht im Heiligen Land. Dies liegt vermutlich, wie wir bereits sahen, an der Uneinigkeit der Kreuzfahrer untereinander, dem Fehlen einer übergeordneten Gesamtstrategie und einfach auch daran, daß sie mit dem Heiligen Land nichts anzufangen wußten. Die Tatsache, daß die Kreuzfahrer einen christlichen Hintergrund hatten und Jesus im Heiligen Land geboren worden war, dort gelebt hatte und gestorben war, gab den Christen dennoch nicht das geringste Recht auf dieses Land, und ihr Verhalten war in allerhöchstem Maße unchristlich.

Die mehr als 200 Jahre ägyptischer Herrschaft im Heiligen Land blieben ohne größere Unternehmungen. Für die internationale Politik war das Land während dieser langen Zeit schlicht bedeutungslos. Die Mamelucken zerstörten Jaffa,

Akko und andere Küstenstädte, denn sie fürchteten, daß diese bei einem erneuten Angriff der Kreuzfahrer diesen als Landeplätze und Befestigungen dienen könnten.

Diese Epoche war von fortschreitendem Verfall gezeichnet. Historiker des 15. Jahrhunderts berichten, daß viele Gebäude in den größeren Städten des Heiligen Landes in Trümmern lagen. Viele der Tüchtigsten unter seinen Bewohnern wanderten in jener Zeit nach Ägypten und Syrien aus. Wie der Geschichtsschreiber Obadja von Bevtinoro berichtet, lebten im Jahre 1488 etwa 4.000 Familien in Jerusalem, darunter 70 jüdische, die so arm waren, daß es für sie keine Möglichkeit zur Auswanderung gab.

Gegen Ende der Mamelukenzeit war das ganze Land in offensichtlichem Verfall begriffen. Es befand sich am Rande des völligen Ruins. In den Jahren 1469, 1476 und 1492 brachen die Pest und mehrere andere Seuchen aus. 1484 verwüsteten Heuschreckenschwärme das Land völlig. 1458 und 1497 wurde es außerdem von zwei schweren Erdbeben erschüttert. Dennoch kamen in dieser Zeit die ersten Juden, die vor der Verfolgung in Spanien geflohen waren, in das Heilige Land, und ließen sich dort nieder.

DIE OSMANISCHE ZEIT (1517 - 1917)

In den folgenden 400 Jahren stand das Heilige Land unter türkischer Herrschaft. Sultan Osman I. hatte um das Jahr 1300 das osmanische Reich gegründet, das 600 Jahre bestand. Seine glanzvollste Zeit hatte es von 1517 bis 1574. Der Aufstieg begann, als Sultan Selim I. (1512 bis 1520) seine Fähigkeiten als Staatsmann und Feldherr unter Beweis stellte. Durch Eroberungszüge in Asien und Afrika konnte das osmanische Reich sein Herrschaftsgebiet in dieser Zeit verdoppeln.

Seinen ersten siegreichen Feldzug führte Selim I. im Jahre 1514 gegen den persischen Schah Ismael I. Danach täuschte Selim I. Vorbereitungen für einen zweiten Eroberungszug gegen Persien vor, führte aber gleichzeitig Klage gegen den mamelukischen Sultan, daß er gemeinsam mit Anhängern der schiitischen Partei eine Verschwörung gegen ihn plane. Selim hatte den Machtverfall der ägyptischen Herrscher deutlich erkannt und versuchte nun, die Mamelucken so weit wie möglich aus ihrem Land und damit von ihrer Versorgungsbasis in Afrika fortzulocken und sie danach in Asien anzugreifen. Seine Strategie hatte Erfolg. Im Mai 1516 zog der altersschwache mameluckische Sultan nach Syrien, um gegen Selim zu kämpfen. Im Norden von Syrien kam es am 24. August 1516 zu einer Schlacht, in der die Ägypter eine totale Niederlage erlitten. Nach seinem Feldzug gegen Ägypten betrat Selim 1517 Jerusalem und stellte damit das Heilige Land unter seine Herrschaft.

In den ersten 50 Jahren nach der Übernahme des Heiligen Landes durch die Türken verdoppelte sich die Zahl seiner Bevölkerung auf etwa 300.000. Davon lebten 60.000 bis 70.000 Menschen in den sechs größten Städten des Landes. Auch Jerusalems Einwohnerzahl wuchs. Ungefähr 300 jüdische Familien und 150 alleinstehende Juden lebten mittlerweile in Jerusalem.

Der etwa 1840 aufkommende Gedanke eines jüdischen Pufferstaates zwischen den zwei Großmächten Türkei und Ägypten fand in den darauffolgenden Jahren Befürworter bei verschiedenen Parteien. Die öffentliche Zustimmung bestärkte die heimliche Sehnsucht nach einem eigenen Staat in den Herzen vieler Juden.

Im Jahre 1881 kam es zu Pogromen gegen Juden in Rußland und zu Judenverfolgungen in Rumänien, die zur Auswanderung vieler Juden in das Heilige Land führten. Auch Juden aus dem Jemen, aus Buchara und Osteuropa ließen sich in seinen Städten nieder. Infolgedessen zählte allein die jüdische Einwohnerzahl Jerusalems Anfang des 20. Jahrhunderts 30.000 Menschen.

Damit war die Zeit gekommen, die Grundlage zur Schaffung eines modernen hebräischen Schulwesens zu legen. Dies war der erste Schritt, damit Juden die hebräische Sprache lernten, so daß im Heiligen Land wieder hebräisch gesprochen werden konnte.

In den letzten Jahren der osmanischen Herrschaft fielen große Heuschreckenschwärme zwei Jahre nacheinander (1915 und 1916) im Heiligen Land ein. Am 31. Oktober 1916 erreichte die Inflationsrate in der Türkei ihren Höhepunkt. Das osmanische Reich war faktisch zahlungsunfähig. Die Folge war eine furcht-bare Hungersnot auch im Heiligen Land, durch die Ende 1917 allein in Jerusalem mehrere tausend Einwohner starben.

VORLÄUFER DES ZIONISMUS

Während des gesamten Zeitraumes der obengenannten Epochen lebten ununterbrochen Juden in Jerusalem und dem ganzen Heiligen Land. Als die Araber im Jahre 634, zwei Jahre nach dem Tod Mohammeds, die Herrschaft übernahmen, wurde den Juden zunächst weitgehend die Selbständigkeit gewährt, aber aufgrund der Zerstörung des Tempels war die Einheit der Juden und ihr kultureller Einfluß stark begrenzt.

Nachdem die Araber das Heilige Land erobert hatten, ging sowohl die wirtschaftliche Leistung als auch der landwirtschaftliche Ertrag des Landes zurück. Weite Teile des Landes verwandelten sich in Wüsten oder malariaverseuchte Sümpfe. Da Jerusalem nicht mit den notwendigen natürlichen Vorzügen einer Metropole ausgestattet war, wie beispielsweise einem Hafen oder der Lage an einem schiffbaren Fluß oder als Verkehrsknotenpunkt, verlor es seine einstige Bedeutung. Dennoch lebten dort seitdem jahrhundertelang Juden und Araber friedlich Tür an Tür.

In dieser Zeit unternahmen die Araber nie den Versuch, das Heilige Land islamisch zu machen. Aber in den Herzen der Juden, die in Jerusalem und den anderen Teilen des Heiligen Landes lebten, wie auch in den Herzen der in alle Welt verstreuten Juden lebte immer noch die Hoffnung, daß es eines Tages wieder einen jüdischen Staat mit Jerusalem als Hauptstadt geben und daß auch der Tempel wieder aufgebaut werden würde.

Diese Hoffnung gründete sich auf den Glauben der Juden an

die Lehre des Alten Testaments, daß die Juden das auserwählte Volk sind, dem als Nachkommenschaft Abrahams, Isaaks und Jakobs die Verheißungen Gottes gelten. Keine einzige der Zusagen über den Besitz des Heiligen Landes gilt Ismael und seinen Nachkommen. Die Hoffnung der Juden auf das Heilige Land ist zu Recht in ihrer Religion begründet, während die heutigen Forderungen der Araber nicht durch ihre Religion begründet werden können. Nach der Lehre des Islam haben sie kein Anrecht auf das Land. Jerusalem ist für sie nur die drittheiligste Stadt nach Mekka und Medina. Man könnte in diesem Zusammenhang ebensogut die Behauptung aufstellen, die Christen hätten Anspruch auf das Heilige Land, weil Jesus dort geboren wurde, gelebt hat und gestorben ist. Diese Forderung würden heute jedoch nur noch wenige ernst nehmen.

In den Herzen der Juden lebte der Traum von einem jüdischen Staat unverändert weiter. 1839 begannen zum ersten Mal echte Verhandlungen zwischen dem einflußreichen englischen Juden Sir Moses Montefiore und dem Vizekönig von Ägypten, Mehemed Ali. Die Türken hatten keine wirkliche Macht mehr über das Heilige Land, und Ägypten wollte es zu einem Pufferstaat machen. Nach der Absetzung Mehemed Alis im Jahre 1841 verliefen weitere Verhandlungsversuche mit Ägypten zwar im Sande, aber der Gedanke eines jüdischen Staates in Palästina blieb seitdem in der Weltpolitik aktuell.

Dieses Land hatte eine strategisch wichtige Bedeutung, da es sozusagen der Knotenpunkt der drei großen Kontinente Afrika, Asien und Europa ist, und somit war es auch das Bindeglied zwischen drei Kulturen und Handelszentren. Zu jener Zeit erwachten sowohl in Europa als auch in der Neuen Welt neue Wirtschaftsinteressen. Damit erlangte auch das Heilige Land neue Bedeutung, obwohl es zum großen Teil aus Wüsten und Sümpfen bestand.

Die Judenpogrome in Rußland im Jahre 1881 führten zu Massenauswanderungen russischer Juden in das Heilige Land. Zur selben Zeit verließ eine Gruppe junger jüdischer Pioniere Jerusalem. Sie ließen sich in der Scharon-Ebene nieder und begannen, dort Entwässerungsgräben anzulegen. Unter großem

Einsatz verwandelten sie die Malariasümpfe in fruchtbares Land. Als die Juden in aller Welt sahen, daß das Land fruchtbar gemacht werden konnte, wuchs auch bei ihnen das Interesse an einem jüdischen Staat im Heiligen Land, und so kamen bald Juden aus Osteuropa, dem Jemen und Usbekistan in das Land. Anfang des 20. Jahrhunderts lebten allein in Jerusalem 30.000 Juden. Zu dem Zeitpunkt hatten die Araber noch keinerlei Ansprüche auf das Land geltend gemacht.

DER ZIONISMUS

Der Begriff "Zionismus" wurde im Jahre 1885 von dem österreichischen jüdischen Schriftsteller Natan Bierbaum geprägt. Das Wort stammt von "Zion", einer biblischen Bezeichnung für Jerusalem.

Es gibt fünf Gründe für das Aufkommen des Zionismus im 19. Jahrhundert:

1. das wiedererwachende jüdische Nationalgefühl
2. den Wunsch nach Loslösung von der westlichen Kultur
3. die Enttäuschung über den Assimilationsdruck in den Ländern des Westens
4. den Wunsch nach einer Stärkung des orthodoxen Judentums
5. den Widerstand gegen den allgemein zunehmenden Antisemitismus.

Die Väter des Zionismus waren unter anderem Moses Hess (1812 - 1875), Rabbi Hirsch Kalischer (1795 - 1874), Leo Pinsker (1821 - 1891) und Dr. Theodor Herzl (1860 - 1904).

Theodor Herzl war der Gründer der Zionistischen Weltorganisation, zu deren erstem Vorsitzenden er 1897 gewählt wurde. Er hatte dieses Amt bis zu seinem Tode 1904 inne. Herzl wurde in Ungarn geboren, ging aber im Alter von 18 Jahren nach Wien, wo er Rechtswissenschaften studierte. Als er sich jedoch bewußt wurde, daß es für ihn als Jude unmöglich war, Jurist zu werden, entschied er sich für den Beruf eines Journalisten und Schriftstellers.

Die Dreyfus-Affäre in Paris markierte den Wendepunkt in Herzls Leben. Ein Offizier der französischen Armee wurde zu Unrecht als Spion verurteilt, nur weil er Jude war. Das überzeugte Herzl davon, daß die Juden nur in einem eigenen Staat eine Zukunft haben könnten. Dabei ging Herzl schließlich so weit, sogar Teile Argentiniens oder Ugandas als künftige Heimat der Juden in Betracht zu ziehen.

Mit dem Entstehen des Zionismus erwachte Anfang des 20. Jahrhunderts auch das Interesse der Araber an einem eigenen arabischen Staat. Ein Aufstand der sogenannten "Jungtürken" im Jahre 1908 war zwar erfolglos, weckte jedoch nun auch bei den Syrern und Libanesen das arabische Nationalgefühl.

Es sollten noch viele Jahre vergehen, bevor sich der Traum von einem jüdischen Staat im Heiligen Land erfüllte. Nach 400 Jahren türkischer Vorherrschaft über das Heilige Land übernahm England 1917 die Kontrolle über das Land, denn die Inflation war im türkisch-osmanischen Reich so stark gestiegen, daß es zahlungsunfähig geworden war. Der Verlauf des Ersten Weltkrieges führte dann dazu, daß die englische Armee das Heilige Land besetzte.

Das im Entstehen begriffene jüdische Gemeinwesen, in dem man dabei war, Wüsten und Sümpfe urbar zu machen, hatte noch mit weiteren Schwierigkeiten zu kämpfen: Große Heuschreckenschwärme fielen in zwei aufeinanderfolgenden Jahren (1915 und 1916) über die neuen Anpflanzungen her. Die Hoffnungen der Juden gediehen dennoch weiter. Noch ahnten die Juden nicht, welche Probleme vor ihnen lagen und mit welchen ungerechten Forderungen sie sich noch auseinandersetzen sollten - von Nationen, von denen sie es am wenigsten erwartet hätten.

2 DIE BRITISCHE MANDATSZEIT (1917 - 1948)

DER ERSTE WELTKRIEG

Im Ersten Weltkrieg marschierte die britische Armee in das Heilige Land ein. Im Jahre 1917 wurde am 31. Oktober Beerscheba, am 7. November Gaza und am 16. November Jaffa erobert, und am 11. Dezember endete mit der Einnahme Jerusalems die 400 Jahre während osmanische Herrschaft im Heiligen Land.

Mit dem Ende des Ersten Weltkrieges bekam der Nahe Osten große strategische Bedeutung. England, Frankreich und Deutschland hatten ein starkes Interesse am Aufbau von Handelsbeziehungen mit Asien. Die Bedeutung des Öls auf dem Weltmarkt begann zu steigen. Es wurde deutlich, daß zur Sicherung des Weltfriedens auch die Kontrolle über den Nahen Osten gehörte.

Die Kommunistische Revolution in Rußland war gerade ausgebrochen, so daß man den Nahen Osten aus dem Weltkrieg heraushalten wollte. Nach Ansicht der Engländer war die Schaffung eines britischen Mandatsgebietes, von einigen auch "Jüdisches Commonwealth in Palästina unter britischem Protektorat" genannt, die beste Lösung dieses Problems.

DIE BALFOUR-ERKLÄRUNG

Es war die Balfour-Erklärung, die die eigentliche Grundlage für ein britisches Mandat im Heiligen Land legte. Sie wurde im wesentlichen von Professor Chaim Weizmann, einem Führer der zionistischen Bewegung, im Auftrag der britischen Regierung entworfen und durch Außenminister Arthur James Balfour an Lord Rothschild übermittelt.

Die äußerst schlicht gehaltene Erklärung lautet:

"Seiner Majestät Regierung betrachtet die Schaffung einer nationalen Heimstätte in Palästina für das jüdische Volk mit Wohlwollen und wird die größten Anstrengungen machen, um die Erreichung dieses Zieles zu erleichtern, wobei klar verstanden werde, daß nichts getan werden soll, was die bürgerlichen und religiösen Rechte bestehender nichtjüdischer Gemeinschaften in Palästina oder die Rechte und die politische Stellung der Juden in irgendeinem anderen Lande beeinträchtigen könnte".

Diese Erklärung wurde am 2. November 1917 unterzeichnet und am 20. April 1920 vom britischen Parlament bestätigt. Es sah also ganz danach aus, als ob die Juden endlich ein eigenes Land bekämen, und zwar das Heilige Land selbst - Palästina, oder, wie es später heißen sollte, Israel. Doch der Weg dorthin war noch lang und schwer. Es zeigte sich, daß die Briten im Laufe der Zeit Schritt für Schritt von ihren Zusagen abrückten. Das Heilige Land blieb zunächst britisches Mandatsgebiet, was für die Juden eine gewisse Verbesserung ihrer Lage bedeutete. Von einem jüdischen Staat mit eigener Regierung war jedoch nicht die Rede.

TRANSJORDANIEN

Im Jahre 1921 beschloß England die Gründung eines neuen Staates namens Transjordanien als Emirat unter der Herrschaft von Abdullah Ibn el Hussein. Im Jahre 1922 wurde dieser Teil des Heiligen Landes von dem Mandatsgebiet Palästina abgespalten, mit dessen Gründung man ursprünglich eigentlich nur den Juden ein eigenes Heimatland hatte schaffen wollen.

Zwar befand sich Transjordanien zunächst weiterhin unter englischem Mandat und wurde vom britischen Hochkommissar in Jerusalem verwaltet, aber 1946 erhielt das Land seine

Unabhängigkeit, und Abdullah Ibn el Hussein wurde König von Transjordanien. Das bedeutete, daß die Engländer den größten Teil des Heiligen Landes an die Araber abtraten, obwohl sie den Juden einen eigenen Staat versprochen hatten. Nachdem Anfang des 20. Jahrhunderts der arabische Nationalismus entstanden war, wurden die Forderungen nach einem arabischen Staat immer lauter. Auch das Heilige Land sollte Teil dieses arabischen Staates sein.

DEN FORDERUNGEN DER ARABER WIRD NACHGEGEBEN

Durch die Anerkennung Transjordaniens als arabischer Staat im Jahre 1946 wurde deutlich, daß die Engländer weder die Bedeutung des Heiligen Landes erkannten noch die Beziehung zwischen Arabern und Juden auf historischem, kulturellem und religiösem Gebiet verstanden. Sie gingen davon aus, daß die Forderungen der Araber mit der Gründung Transjordaniens befriedigt seien, denn ihnen war schließlich der Großteil des Heiligen Landes für ihren eigenen, unabhängigen Staat zugeteilt worden, und sie wurden von einem eigenen König regiert. In diesem Staat sollten sich alle Araber, die eine Heimat suchten, niederlassen können. Die Juden hingegen erhielten zunächst überhaupt kein Land. Die Versprechungen der Balfour-Erklärung wurden von den Engländern Schritt für Schritt zurückgenommen.

DAS CHURCHILL-WEISSBUCH

Dieser Prozeß fand seine Fortsetzung in einem neuen Dokument, dem "Churchill-Weißbuch", das Winston Churchill am 22. Juni 1922 veröffentlichte. Es sollte eine einschränkende Interpretation der Balfour-Erklärung darstellen, in Wirklichkeit aber leugnete es ihre Geltung. Das Weißbuch behauptete, daß die Aussagen der Balfour-Erklärung nicht bedeuten, daß

Palästina als Ganzes in eine nationale Heimstätte für die Juden umgewandelt werden soll. Dadurch kam es zur Einführung neuer Bestimmungen, durch die die Einwanderung von Juden in das Heilige Land stark eingeschränkt wurde.

Das Churchill-Weißbuch von 1922 war allerdings nicht das einzige Dokument, das sich mit der Balfour-Erklärung befaßte. Es folgten noch fünf weitere Weißbücher, und zwar im Jahre 1930, im Juli 1937, im Dezember 1937, im November 1938 und im Mai 1939, in denen die britische Regierung nach dem Vorbild von Sir Winston Churchill die Erklärung interpretierte und die zuvor gegebenen Zusagen weiter einschränkte.

3   DIE GRÜNDUNG
DES STAATES ISRAEL

DIE VERNICHTUNG DER JUDEN
IN EUROPA

Nach dem Zweiten Weltkrieg begann die Welt nur langsam zu begreifen, was Hitlers Nazi-Deutschland den Juden angetan hatte.

Es hatte in den dreißiger Jahren mit Hitlers flammenden Reden begonnen, die immer deutlicher antisemitisch wurden, nachdem er an die Macht gekommen war. Die Nacht vom 9. auf den 10. November 1938 ging als die sogenannte "Reichskristallnacht" in die Geschichte ein. Zuvor hatte Hitler, wahrscheinlich unter dem Einfluß von spiritistischen Sitzungen, eine seiner aufpeitschenden "Reden an die deutsche Nation" gehalten. In ihr gab er den Juden für verschiedene Mißstände in Deutschland die Schuld. Die Rede wurde im ganzen Land übertragen und stellte in Wahrheit einen kaum verhüllten Aufruf zur Verfolgung und Ermordung der Juden dar. In dieser Nacht begann der Feldzug der deutschen Nazis gegen die Juden. Die Schaufenster jüdischer Geschäfte wurden eingeschlagen, Synagogen wurden zerstört, jüdische Friedhöfe verwüstet und viele Juden erschlagen. Etwa 26.000 Juden wurden verhaftet. Dieses Vorgehen führte zu heftigen Reaktionen im Ausland, insbesondere in den USA.

Während des Krieges setzte Hitler seinen wahnsinnigen Vernichtungsfeldzug gegen die Juden unter der Bezeichnung "Die Endlösung der Judenfrage" fort. Obwohl es allgemein bekannt war, daß Hitler während des Krieges die Juden verfolgte, hatte niemand dieses furchtbare Ausmaß des Judenmordes für möglich gehalten. Die entsetzliche Wahrheit kam erst nach Kriegsende langsam ins Bewußtsein der Weltöffentlichkeit.

Hitler hat von den damals weltweit 18 Millionen Juden mehr

als sechs Millionen umgebracht. Er wollte alle Juden buchstäblich spurlos auslöschen. Der Mord an den Juden geschah unter anderem im Konzentrationslager Auschwitz. Über dem Tor des Lagers war der Schriftzug "Arbeit macht frei" angebracht. Juden wurden zu Millionen dorthin deportiert. Einigen sagte man, sie würden umgesiedelt, anderen versprach man die Erlaubnis zur Einwanderung ins Heilige Land. Aber die meisten wurden einfach gefangengenommen und ohne Anklage oder Verhandlung in Viehwaggons zusammengepfercht. Die Gleise führten nach Auschwitz.

DIE VERNICHTUNGSMASCHINERIE

Nach ihrer Ankunft im Lager wurden die Juden sofort in zwei Gruppen aufgeteilt. Ein deutscher Offizier zeigte jeweils nach rechts oder links: Denjenigen, die noch arbeitsfähig waren, gab man eine kleine Frist, während die anderen sofort in die Gaskammern gehen mußten. Die durchschnittliche Lebenserwartung in Auschwitz betrug drei Monate.

Die Gaskammern glichen großen Duschräumen mit Brausen an den Decken. Den Gefangenen wurde gesagt, daß sie dort zunächst duschen müßten. Sie mußten sich in großen Umkleideräumen ausziehen. Von dort gingen sie direkt in den vermeintlichen Duschraum, aus dessen Duschen noch nie auch nur ein einziger Tropfen Wasser gekommen war. Sobald die ganze Gruppe sich in diesem Raum befand, wurden die Türen geschlossen. Eisenriegel an der Außenseite machten ein Entkommen unmöglich. Dann wurde Giftgas in den Raum geleitet, das alle Menschen darin tötete.

Neben den Gaskammern befanden sich die Krematorien, in denen die Körper der Toten verbrannt wurden. Auf Gleisen, die direkt von den Gaskammern dorthin führten, wurden die Leichen in speziellen Karren direkt vor die Ofentüren der Krematorien gefahren und dort in den Ofen geschoben. Jahrelang stieg der Rauch dieser Öfen Tag und Nacht zum Himmel auf, während die Welt nicht sehen wollte, was dort geschah. Die Gaskammern und das Krematorium lagen natürlich außerhalb des mit Stacheldraht gesicherten Geländes des Konzentrationslagers, und da niemand je aus den Gaskammern in die Welt der Lebenden zurückkehrte, ging die furchtbare Vernichtung der Juden immer weiter - Tag für Tag, Woche für Woche, Monat für Monat, Jahr für Jahr. Die Verbrecher, die diese grausige Arbeit ausführten, endeten nach kurzer Zeit selber in den Öfen, damit es niemanden gab, der als Augenzeuge hätte berichten können, was dort geschah. Die Offenlegung der grauenhaften Wahrheit erschütterte später die ganze Welt. Endlich begann man langsam anzuerkennen, daß es nach Jahrhunderten der Verfolgung und grausamer Massaker an der Zeit war, dem jüdischen Volk sein eigenes Land zu geben und einen jüdischen Staat ins Leben zu rufen.

DIE VEREINTEN NATIONEN

Ende April 1947 wurde das Palästina-Problem in der Generalversammlung der Vereinten Nationen erörtert. Zur allgemeinen Überraschung sprach sich Andrej Gromyko, der Vertreter der Sowjetunion, für das Recht der Juden aus, in Palästina einen eigenen Staat zu gründen. Es wurde eine internationale Kommission eingesetzt, die "United Nations Special Commission on Palestine" (UNSCOP). Dieser Ausschuß unterbreitete bereits am 31. August desselben Jahres seinen Vorschlag, der die Gründung eines selbständigen jüdischen Staates in Palästina neben einem arabischen Staat in einer Wirtschaftsunion vorsah. Jerusalem sollte eine internationale Enklave unter der Verwaltung der Vereinten Nationen bleiben. Am 29. November kam diese Resolution zur Abstimmung. Von den 56 stimmberechtigten Mitgliedern stimmten bei zehn Enthaltungen 33 für und 13 Länder gegen den Teilungsplan.

Obwohl die Resolution nicht den Idealvorstellungen der Juden entsprach, akzeptierten sie sie dennoch. Fast vier Fünftel des Heiligen Landes waren bereits 1921 zum arabischen Emirat geworden und später, 1946, zum unabhängigen arabischen Königreich Transjordanien. Dennoch erwartete man jetzt von Israel, daß es den übriggebliebenen kleineren Teil noch einmal mit den Arabern teilte, denen man die Westbank und den Gaza-Streifen zugesprochen hatte. Hinzu kam, daß das Israel zugeteilte Land im Grunde genommen aus drei einzelnen Stücken bestand, die nur durch schmale Landzungen miteinander verbunden waren, was es nahezu unmöglich machte, das Land zu verteidigen. Die Araber waren absolut gegen einen jüdischen Staat im Heiligen Land. Ihre bis heute unveränderte Forderung war der alleinige Besitz des ganzen Heiligen Landes für die Araber.

ISRAEL IST GEBOREN

Mit dem 14. Mai 1948 lief das britische Mandat im Heiligen Land aus. An diesem Tag wurde der neue Staat Israel ausgerufen. David Ben Gurion wurde der erste Ministerpräsident des Landes und zugleich dessen Verteidigungsminister.

4 DER ARABISCH-ISRAELISCHE KONFLIKT

DER UNABHÄNGIGKEITSKRIEG 1948/49

Nur wenige Stunden, nachdem der Staat Israel proklamiert worden war, wurde er von seinen Feinden überfallen. Damals geschah in der Weltgeschichte etwas bisher nicht Dagewesenes: Der brutale Angriff der arabischen Staaten glich dem Verhalten von zehn wahnsinnigen Erwachsenen, die der Geburt eines Kindes erst zusehen, um es dann umzubringen, sobald es zur Welt gekommen ist. Der Krieg hatte jedoch zum Zeitpunkt der Geburt des jüdischen Staates schon seit mehreren Monaten in Israel gewütet. Es war zu blutigen Angriffen auf Tiberias, Haifa und andere Städte gekommen. Die 5.000 Mann starke "Arabische Legion", die unter anderem aus transjordanischen und irakischen Truppen bestand, hatte den Jordan überschritten und rückte nach Jerusalem vor.

Als der Staat Israel nun Realität war, machten auch die Armeen Ägyptens, Syriens, des Libanon, Transjordaniens, des Irak und Saudi-Arabiens mobil. Die anderen Nationen der Welt sahen schweigend zu. Die damals in Israel lebenden 700.000 Juden waren von arabischen Ländern mit fast 100 Millionen Einwohnern umgeben. Zwei Monate später, am 18. Juli 1948, trat der erste Waffenstillstand dieses Krieges in Kraft, aus dem Israel, unbegreiflich für alle, als Sieger hervorging. Für viele ist und bleibt dies ein Wunder. Beide Seiten boten zwar rund 30.000 Mann starke Armeen auf und waren insofern ebenbürtig. Aber im Hinblick auf die Ausrüstung mit Kriegswaffen waren die Araber bei weitem überlegen, denn sie verfügten über Artillerie, Panzer, eine Luftwaffe, entsprechendes Kommunikationsgerät und vieles mehr.

Bei Ausbruch des Krieges besaßen die Juden nur etwa 10.000 Gewehre und 2.000 Maschinenpistolen sowie einige hundert Maschinengewehre und Granatwerfer, einen einzigen Panzer und ein Kampfflugzeug, aber kein einziges Artillerie-geschütz, keine Flugabwehrgeschütze, keine Panzerminen und sehr wenig Munition. Nur wenige Soldaten konnten notdürftig ausgebildet werden, bevor sie in den Kampf geschickt wurden. Außerdem mußte Israel an mehreren Fronten gleichzeitig kämpfen. Aber die Kampfmoral war sehr hoch, denn die Israelis kämpften um die Unabhängigkeit und Existenz ihres Staates und um ihr eigenes nacktes Überleben.

Ein Grund dafür, daß die Israelis die Offensive ihrer Gegner zurückschlagen konnten, lag darin, daß sich die Angreifer ihren Weg durch jüdische Kolonien, Kibbuzim und Siedlungen erkämpfen mußten. Diese Orte verfügten über ein Alarm- und Verteidigungssystem, das sie während der Mandatszeit gegen die Überfälle palästinensischer Terroristen entwickelt hatten.

Die Araber versuchten mit allen Mitteln, den Eindruck zu erwecken, daß sie einen gerechten Kampf kämpfen. In den Flugblättern, die sie über jüdischen Siedlungen abwarfen, um die Verteidiger zum Aufgeben zu bewegen, hieß es: "Im Namen Allahs, des Allmächtigen, der immer die Wahrheit spricht: Es war nicht unsere Absicht, einen Krieg zu beginnen. Es ist euer Widerstand, der uns zwingt, euch anzugreifen." Welch eigenartige Logik!

Der Unabhängigkeitskrieg kostete etwa 6.000 Juden das Leben; dies entspricht ungefähr einem Prozent der damaligen jüdischen Gesamtbevölkerung. Obwohl die Araber an mehreren Fronten angriffen, war die Kampfmoral ihrer Soldaten nicht sehr hoch. Es fehlte sowohl eine Gesamtstrategie als auch die Kommunikation zwischen den verschiedenen Kampfeinheiten. Der Waffenstillstand am 18. Juli war daher für die Araber dringend notwendig. Bis zum Juli 1949 wurden mit Ägypten, Jordanien, dem Libanon und Syrien einzelne Friedens-abkommen unterzeichnet.

Interessanterweise änderte Transjordanien genau zu diesem Zeitpunkt seinen Namen in Jordanien. Das geschah vermutlich, um von der Tatsache abzulenken, daß die Araber bereits ihren eigenen Staat bekommen hatten, der viermal so groß war wie das kleine Israel. Dennoch sieht es danach aus, daß jene sich erst dann zufriedengeben werden, wenn sie den jüdischen Staat ausradiert und das Heilige Land in Besitz genommen haben.

DER SINAIFELDZUG 1956

Am 24. Oktober 1956 unterzeichneten Ägypten, Jordanien und Syrien ein Militärabkommen. Daraufhin griffen die Syrer erneut israelische Fischerboote auf dem See Genezareth an. Auch der Gazastreifen, in dem Terrorgruppen von Ägypten aus mit Waffen versorgt wurden, stellte seit längerem ein Problem für Israel dar. Ägypten hatte den Suezkanal verstaatlicht und den Seeweg nach Eilat, Israels Hafen im Süden, abgeschnitten. Gleichzeitig griff auch Jordanien Israel wiederholt an, während ägyptische Armee-Einheiten im Süden und Westen der Sinai-Halbinsel Stellung bezogen.

Am 30. Oktober richteten England und Frankreich ein Ultimatum an Ägypten und Israel, einem Waffenstillstand zuzustimmen und ihre Truppen auf beiden Seiten des Suez-kanals um 15 Kilometer zurückzuziehen. Israel akzeptierte den Waffenstillstand; Ägypten hingegen lehnte ihn ab. Daraufhin bombardierten englische und französische Flugzeuge am nächsten Tag Ägyptens nördlichen Landesteil.

Obwohl der Bombenangriff nur von geringer Bedeutung für den Ausgang des Krieges war, entschied sich Israel daraufhin für einen Überraschungsangriff. Er dauerte ganze 100 Stunden und bereitete dem Sinaikrieg ein jähes Ende. Israel hielt danach den Gazastreifen und die Sinaihalbinsel besetzt. Im März 1957 zog es unter dem Druck der Vereinten Nationen seine Truppen zurück. Dabei erhielt Israel die Zusage, daß israelische Schiffe freien Zugang zum Golf von Akaba bekämen und ägyptische Truppen nicht länger im Gazastreifen stationiert würden. Um dies sicherzustellen, wurde eine 3.300 Mann starke UN-Truppe in den Sinai entsandt. Aber nur 48 Stunden nach dem Rückzug der israelischen Streitkräfte waren bereits wieder ägyptische Truppen im Gazastreifen stationiert.

DER SECHS-TAGE-KRIEG 1967

In den Jahren zwischen 1956 und 1967 schloß die Sowjetunion Waffenlieferungsverträge mit folgenden Ländern: Ägypten, Syrien, Irak, Jemen, Algerien, Sudan, Süd-Jemen und Libyen. Bis 1970 wurden diese Länder mit Waffen im Wert von 6,7 Milliarden Dollar beliefert. Auch die USA unterstützte diese arabischen Staaten mit Waffen, und zwar für insgesamt 800 Millionen Dollar, und gewährte ihnen eine Wirtschaftshilfe von 700 Millionen Dollar. Gleichzeitig belieferte die USA Israel mit Waffen im Wert von 1,35 Milliarden Dollar und unterstützte Israels Wirtschaft mit 420 Millionen Dollar. Die Länder des Nahen Ostens waren also sowohl für den Sechs-Tage-Krieg 1967 als auch für den Jom-Kippur-Krieg 1973 bestens gerüstet.

Der Sechs-Tage-Krieg war ein im Nahostkonflikt entscheidender Wendepunkt. Es ist daher von großer Wichtigkeit herauszustellen, daß die von arabischer Seite verbreitete Legende, Israel habe den Krieg angefangen, nicht der Wahrheit entspricht. Um ein korrektes Bild zu erhalten, muß man die enorme Aufrüstung der Araber, ihre schreckenerregenden verbalen Drohungen, die Militärpakte untereinander, ihre gegenseitigen Versprechungen, Israel zu vernichten, und ihre Truppenkonzentrationen gegen Israel mitbedenken.

So unterzeichneten Präsident Nasser von Ägypten und König Hussein von Jordanien am 29. Mai 1967 ein Abkommen, das die jordanische Armee unter ägyptisches Oberkommando stellte. Zu dem Zeitpunkt waren auch bereits irakische Truppen nach Jordanien eingerückt, um die jordanische Armee zu unterstützen.

Die ägyptische Zeitung "Al Achram" berichtete am 31. Mai 1967: "Gemäß dem militärischen Abkommen mit Jordanien soll die jordanische Artillerie in Zusammenarbeit mit ägyptischen und syrischen Einheiten Israel bei Kalkiliya in zwei Hälften teilen, denn dort ist das israelische Territorium zwischen der jordanischen Waffenstillstandslinie und dem Mittelmeer nur 12 km breit."

Dies stellte für das kleine Israel eine furchtbare Bedrohung dar.

DIE ANKÜNDIGUNG DER VERNICHTUNG ISRAELS

Präsident Nasser erklärte seinen Standpunkt am 27. Mai 1967: "Unser Hauptziel ist die Vernichtung Israels. Das arabische Volk will kämpfen." Vier Tage später sagte der irakische Präsident Aref: "Die Existenz Israels ist ein Fehler, der berichtigt werden muß. Dies ist unsere Chance, die Schmach auszulöschen, mit der wir seit 1948 leben müssen. Unser Ziel ist klar: Israel aus der Karte auszuradieren."

Der PLO-Führer äußerte sich nicht minder militant: "Die Juden müssen aus Palästina verschwinden. Wir sollten ihnen dabei helfen, dahin zurückzukehren, wo sie sich vorher aufgehalten haben."

Israel befand sich in einer gigantischen Zwickmühle. Seine Feinde waren militärisch etwa fünfmal besser ausgerüstet und bereit, dieses kleine Land zu vernichten, das gezwungen war, an mehreren Fronten zu kämpfen und gleichzeitig gegen den arabischen Terrorismus innerhalb seiner eigenen Grenzen vorzugehen. Israel blieb keine Wahl. Die ägyptische Armee war bereits in Stellung gegangen, und kilometerlange Lastwagen- und Panzerkolonnen bahnten sich ihren Weg durch die Sinaiwüste. Israel fällte seine Entscheidung schnell: Am 5. Juni 1967 wurde die gesamte ägyptische Luftwaffe am Boden bombardiert. Auf dem Rückflug griffen die israelischen Bomber den ägyptischen Konvoi in der Wüste an. Die Wirkung war enorm. Mehrere mit Benzin gefüllte Tankwagen explodierten, und die Fahrzeuge gingen in Flammen auf. Das Feuer sprang auf andere Fahrzeuge über, die Munition und Benzin transportierten. Auf einer Länge von mehreren Kilometern fielen die Fahrzeugkolonnen den Flammen und ihrer eigenen explodierenden Fracht zum Opfer. Der israelischen Armee gelang es dann, in den Sinai und in den Gazastreifen vorzustoßen und die ägyptische Armee zurückzudrängen. Zuvor hatte Israel Jordanien die Zusage gemacht, es nicht anzugreifen, wenn es sich aus dem Krieg heraushalten würde. Aber Jordanien griff gemeinsam mit den Irakern von der Westbank aus Israel an. Daraufhin schlugen die Israelis zurück. Innerhalb von 36 Stunden nach Kriegsbeginn eroberten sie die Altstadt von Jerusalem, der heiligen Stadt, nach 2.000 Jahren Fremdherrschaft zurück. Nach der Einnahme Ost-Jerusalems gelang es Israel, trotz der Gegenwehr der dort ansässigen Araber, den Rest der Westbank einzunehmen.

Syrien hatte bei Kriegsausbruch angekündigt, Galiläa in Besitz zu nehmen und Nazareth zu erobern, was ihm jedoch nicht gelang. Kein einziger syrischer Soldat setzte seinen Fuß auf israelischen Boden. Wie schon so oft ließen sie jedoch einen waren Hagel von Mörser- und Artilleriegranaten von den Golanhöhen auf die israelischen Kibbuzim und Siedlungen regnen. Dieser Angriff richtete jedoch kaum Schaden an, sondern führte dazu, daß Israel am 9. Juni seine Kräfte sammelte, um gegen die syrischen Stellungen auf den Golanhöhen vorzugehen. Im Laufe eines Tages hatten die Israelis die gesamte Hochebene und einen Großteil des Hermongebirges im Norden erobert.

DIE AUSWIRKUNGEN DES KRIEGES

Der Krieg hatte Israel 766 Menschenleben gekostet, von denen die meisten Offiziere waren. Alles in allem waren die Verluste vergleichsweise gering. Die arabische Welt war durch ihre Niederlage wie gelähmt, so daß einige Jahre verstrichen, bevor Israel erneut um seine Sicherheit bangen mußte.

Während die Juden die Eroberung Jerusalems feierten, freuten sich Christen in aller Welt über die dadurch begonnene Erfüllung der Worte der Heiligen Schrift. Jesus hatte vorausgesagt:

"Jerusalem wird zertreten werden von den Heiden, bis die Zeiten der Heiden erfüllt sind" (Lk 21, 24).

Aber in der westlichen Welt gab es auch eine andere
Reaktion auf den Sechs-Tage-Krieg. Vor Kriegsbeginn hatte
Israel die Sympathien der Welt auf seiner Seite. Der Westen
war beunruhigt über die Drohungen, Provokationen und
militärischen Aktionen der Araber gewesen. Aber mit dem
Sieg Israels wandelte sich die Haltung der Weltöffentlichkeit.
Nachdem die Araber eine furchtbare Niederlage hinnehmen
mußten und katastrophale Verluste erlitten hatten, waren die
Israelis jetzt die Überlegenen - und außerdem, war nicht von
ihnen der Krieg begonnen worden? Auf jeden Fall waren sie
in diesem Konflikt nicht länger die schwächere der beiden
Kriegsparteien. Diese veränderte Haltung der Weltöffentlichkeit war Wasser auf die Mühlen der Antizionisten im Westen.

DER JOM-KIPPUR-KRIEG 1973

Nach dem Sechs-Tage-Krieg waren die Israelis fest
entschlossen, der Welt im Falle eines neuen Krieges keinen
Anlaß zu dem Vorwurf zu geben, Israel habe den Krieg
begonnen. So kam der nächste Krieg für dieses Land dann
auch völlig überraschend. Am 6. Oktober 1973, während des
Jom Kippur, des höchsten jüdischen Feiertages, griffen
Ägypten und Syrien Israel von Norden und Süden gleichzeitig
an.
Obwohl Israel jederzeit für den Kriegsfall gerüstet war und
seine Truppen an diesen beiden Fronten aufgrund länger
andauernder feindlicher Manöver bereits verstärkt hatte, kam
der Angriff dennoch völlig unerwartet. Man hatte sich an die
Truppenbewegungen, an die Drohungen und verbalen Attacken
schon so gewöhnt, daß man sie nicht mehr als reale Gefahr
betrachtete. Schon immer hatten die Araber große Töne von
sich gegeben. Präsident Sadat hatte es verstanden, die
Aufmerksamkeit auf sich zu lenken, als er in einer Ansprache
in Alexandria am 1. Mai 1972 äußerte, Ägypten wäre bereit,
für Israels Vernichtung eine Million Menschenleben zu opfern.
Der Jom Kippur war wohlüberlegt als Angriffstag ausgewählt

worden, denn als höchster nationaler Feiertag wird er von religiösen wie nicht religiösen Juden gefeiert. Viele Juden fasten 24 Stunden. Eine Mobilmachung an diesem Feiertag würde Israel große Schwierigkeiten bereiten. Israel erkannte sofort, daß die größte Gefahr von der Golan-Front drohte. Wenn es den Syrern gelang, dort durchzubrechen, würden sie innerhalb kürzester Zeit große Gebiete des ganzen Landes einnehmen können. Die Israelis setzten daher ihre Luftwaffe ein, und obwohl viele ihrer Flugzeuge abgeschossen wurden, gelang es ihnen schließlich, den Vorstoß der Syrer aufzuhalten und die meisten ihrer Panzer zu zerstören. Die darauffolgende israelische Offensive drängte die Syrer dann nicht nur hinter ihre Ausgangsstellungen zurück, sondern stieß in nordöstlicher Richtung bis auf etwa 40 Kilometer an Damaskus heran vor.

DIE OFFENSIVE GEGEN ÄGYPTEN

An der Südfront sah es zunächst so aus, als behielte Ägypten die Oberhand. Der Großteil der israelischen Panzerbrigade wurde zerstört. Berichten zufolge verfügten die Ägypter über mehrere tausend Panzerabwehrraketen, so daß auf jeden israelischen Panzer zehn feindliche Raketen kamen. Dennoch gelang es der israelischen Armee, die feindlichen Linien zu durchbrechen, und zwar trotz Uneinigkeit in der eigenen Heerführung: Gegen den Befehl von General Gonen erzwang der Divisionschef und Kriegsheld General Ariel Sharon mit mehreren hundert Panzern den Durchbruch zum Westufer des Suezkanals. Damit wurde die letzte Phase des Krieges eingeleitet, denn die Dritte Ägyptische Armee wurde danach durch die Israelis von sämtlichen Versorgungs- und Nachschubverbindungen mit der Stadt Suez abgeschnitten. Jetzt war es nur noch eine Frage der Zeit, bis die gesamte ägyptische Armee zur Kapitulation gezwungen gewesen wäre. Hätte der Krieg noch länger gedauert, wäre auch die Zweite Armee, die sich zu dem Zeitpunkt weiter nördlich am Ostufer des Kanals befand, abgeschnitten worden. Das hätte dann für die Ägypter eine schlimmere Niederlage als 1967 bedeutet. Die beiden Supermächte konnten angesichts der bedrohlichen Situation nicht länger untätig bleiben. Zunächst übte die Sowjetunion, dann auch Amerika starken Druck auf die Kriegsparteien im Nahen Osten aus und forderte einen Waffenstillstand, bevor die Ägypter völlig geschlagen wären. Unter diesem Druck gab Israel nach und willigte in das Waffenstillstandsabkommen vom 24. Oktober 1973 ein. Israel wurde auch gezwungen, die Nachschubwege für die Dritte Ägyptische Armee wieder zu öffnen, deren Soldaten sonst in der Wüste verhungert und verdurstet wären. Israel ging hauptsächlich deswegen auf diese Forderungen ein, weil man glaubte, Ägyptens Verhandlungsbereitschaft würde höher sein, wenn ihm eine schmähliche Niederlage erspart bliebe. Eine völlige Niederlage hätte Ägyptens Stolz und Selbstbewußtsein zerstört.

Was dann geschah, hatten die israelischen Politiker allerdings nicht einkalkuliert: Ägypten erklärte vor der ganzen Welt, daß es einen glänzenden Sieg über Israel errungen habe. Es verkündete, es sei nur noch eine Frage der Zeit gewesen, bis es Israel vollständig geschlagen hätte, wenn die beiden Supermächte die kämpfenden Parteien nicht zu einem Waffenstillstand gezwungen hätten. In dem Zusammenhang ist es dann auch nicht weiter verwunderlich, daß die Araber am Tag des Kriegsausbruches in der Weltpresse hatten verkünden lassen, daß es wieder Israel sei, das den Krieg begonnen habe. Dieses Mal wurde diesen Lügen jedoch kein Glauben geschenkt.

Obwohl Israel aus dem Krieg als Sieger hervorgegangen war, läßt sich nicht bestreiten, daß die militärische Schlagkraft der Araber in diesem Krieg, verglichen mit den vorigen, erheblich größer geworden war. Diesmal gab es eine klar abgesprochene Strategie, und Syrien und Ägypten hatten sich über einen gemeinsamen Zeitpunkt zum Angriff geeinigt, der bis zum Schluß geheimgehalten wurde. Zu Beginn dieses Krieges erlitt Israel erhebliche Materialverluste an beiden

Fronten, und der Krieg kostete insgesamt 2.500 Israelis das Leben.

DER LIBANONKRIEG (6. - 11. JUNI 1982)

Israels Überraschungsangriff im Südlibanon, die "Operation Frieden für Galiläa", beendete einen sieben Jahre andauernden Alptraum. Er setzte den Überfällen von Terroristen der PLO vom Libanon aus auf das nördliche Israel ein Ende, wozu die UN-Friedenstruppen nicht in der Lage gewesen waren. Von den fünf Kriegen seit Israels Staatsgründung war dieser der einzige, der von Israel begonnen wurde.

Der Grund dafür wurde bereits in der Einleitung zu diesem Buch genannt, wo die damalige Situation im Libanon kurz dargestellt ist. Daher soll jetzt nicht weiter auf Einzelheiten dieses Krieges eingegangen werden, zu dem Israel gezwungen wurde. Vielmehr möchte ich aus dem bisher Gesagten einige Schlußfolgerungen im Hinblick auf Israels 50 Jahre währenden Überlebenskampf, seine Feinde und die Meinung der Weltöffentlichkeit ziehen.

5 SCHLUSSFOLGERUNGEN

DIE ARABER HABEN KEIN ANRECHT AUF DAS LAND

Anhand der kurzen Darstellung der geschichtlichen Fakten läßt sich feststellen, daß es zu keiner Zeit eine rechtlich anerkannte arabische Regierung im Heiligen Land gegeben hat und daß die Araber sich in ihrem Anspruch auf das Land nicht auf ihre Abstammung von Abraham berufen können. Aus der Bibel geht klar hervor, daß dieses Land Isaak und seinen Nachkommen verheißen ist (Näheres dazu siehe Kapitel 8).

Es stimmt zwar, daß die Araber seit Jahrhunderten als Beduinen im Heiligen Land gelebt haben, aber vor der Entstehung der zionistischen Bewegung und den Ansprüchen der Juden auf das Land ihrer Väter haben sie eigentlich nie ein besonderes Interesse am Heiligen Land gezeigt oder irgendwelche Anrechte geltend gemacht.

Ebenso ist festzuhalten, daß die Juden zu allen Zeiten das einzige Volk waren, das das Heilige Land in einer staatlichen Einheit in Besitz hatte.

Diejenigen, die die Ansicht vertreten, die Araber hätten ein Recht auf das Heilige Land, weil sie es mehr als 550 Jahre in Besitz hatten, verkennen einige wichtige historische Tatsachen. Wenn die Araber tatsächlich Anrechte auf das Heilige Land hätten, weil sie dort eine zeitlang ansässig waren, warum beanspruchen sie dasselbe Recht nicht auch für größere Teile Europas?

Ebensogut könnte man dann behaupten, daß auch die Christen, die das Heilige Land 200 Jahre besetzt hatten, oder die Ägypter nach 200 Jahren oder die Türken nach 400 Jahren Fremdherrschaft Anrechte auf das Heilige Land hätten. Kaum jemand wird so etwas jedoch ernsthaft behaupten. Warum also sollten dann die Araber ein Recht auf das Heilige Land haben?

Vom religiösen Standpunkt aus betrachtet ist Jerusalem nur die drittwichtigste Stadt für den Islam. Mekka bleibt das religiöse Zentrum. Dort hat Mohammed das arabische Heiligtum von allen Götzenbildern gereinigt (wobei er angeblich eines stehen ließ), inspiriert durch seine monotheistischen Ansichten, die er sowohl im Judentum als auch im Christentum kennengelernt und von dort übernommen hatte. Als er aus Mekka fliehen mußte, wurde Medina zur zweiten Hauptstadt des Islam.

Danach rückte Jerusalem ins Blickfeld der Moslems, weil die Araber wie die Juden von Abraham abstammen. Die arabischen Völker sind jedoch nicht die Nachkommen Isaaks, des Sohnes, den Gott dem Abraham verheißen hatte, sondern sie stammen von Ismael ab, dem Sohn, den Abraham mit Hagar zeugte.

Es war König David, der Jerusalem etwa 1.000 Jahre nach Abraham zur Hauptstadt Israels machte. Auf dem Berg Moria hatte Abraham seine Glaubensprüfung bestanden, als er bereit gewesen war, seinen Sohn Isaak zu opfern. Nach einer weitverbreiteten Ansicht liegt der Berg Moria, auf dem das geschah, genau unter den mächtigen Mauern des Tempelberges in Jerusalem, auf dem heute eine islamische Moschee steht.

Ein dritter Faktor, der deutlich macht, daß die Besetzung des Heiligen Landes durch die Araber ihnen kein Recht gibt, das Land heute als ihr Eigentum zu fordern, ist die Tatsache, daß es in den 550 Jahren der arabischen Besetzung nie eine wirklich arabische Regierung im Heiligen Land gegeben hat. Der arabische Geograph Al-Muqadassi aus Jerusalem schrieb im Jahre 985, daß es schwierig sei, auch nur einen gebildeten Moslem im ganzen Heiligen Land zu finden. Das kulturelle Niveau der Christen war zu der Zeit höher als das der Moslems. Das macht die Tatsache erklärlich, daß die meisten Regierungsämter von Christen besetzt waren. Zwar war die offizielle Landessprache Arabisch, unabhängig davon, welcher Religion die Bewohner des Landes angehörten, aber die arabische Kultur hatte kaum wirklichen Einfluß im Land.

Die meisten Moslems, die zu der Zeit im Heiligen Land

lebten, waren Sunniten; es gab aber auch schiitische Gruppen, die allerdings nur geringe Bedeutung hatten und größtenteils in dem Gebiet von Tiberias wohnten.

DIE ARABER WERDEN VORGEZOGEN

Betrachtet man die Aufteilung des Heiligen Landes einmal genauer, wird deutlich, daß es in Wirklichkeit die Juden sind, die im Gegensatz zu den Arabern allen Grund zur Unzufriedenheit haben könnten. Fast vier Fünftel des Landes wurden im Jahre 1921 den Arabern als Emirat unter der Regierung von Abdullah Ibn el Hussein zugeteilt. Dagegen erhielten die Juden nur ein Protektoratsgebiet unter englischem Mandat. Darüber hinaus wurde 1922 entschieden, daß Transjordanien nicht mehr zu dem Gebiet zu rechnen sei, das als Grundlage zur Bildung einer nationalen Heimstätte für die Juden gedacht war.

Schließlich wurde Transjordanien 1946 zum unabhängigen Königreich erklärt, um damit den Ansprüchen der Araber auf das Heilige Land entgegenzukommen. Als man schließlich nicht mehr umhin kam, auch die jüdischen Interessen zu berücksichtigen, wurde auch das verbliebene letzte Fünftel des Landes noch zwischen Juden und Arabern aufgeteilt. Die Araber bekamen unter anderem den Gazastreifen (der größer war als das eigentliche Gebiet von Gaza) und die Westbank. Gemäß der Resolution der Generalversammlung der Vereinten Nationen von 1947 sollten diese Gebiete das Territorium für einen unabhängigen arabischen Staat Seite an Seite mit einem jüdischen Staat sein.

Die Araber haben bereits ein Heimatland bekommen, nämlich Transjordanien. Es gibt jedoch keine logische Erklärung dafür, daß sie vier Fünftel des alten Palästina zugeteilt bekamen, obwohl sie weder historisch noch politisch gesehen einen wirklichen Anspruch auf das Land haben. Die einzigen, die je eine staatliche Einheit und eine jüdische Regierung im Heiligen Land gebildet haben, sind die Juden. Israel ist das einzige

Heimatland, das die Juden besitzen. Die Araber haben viele Staaten, die ihnen als Heimatländer dienen. Es sind unter anderem Syrien, der Irak, Jordanien, der Libanon, Saudi-Arabien, die Vereinigten Arabischen Emirate, der Jemen, Ägypten, Libyen, Tunesien, Algerien, der Sudan und Marokko, die arabische Regierungen haben.

DIE EROBERTEN GEBIETE

Israel hat in den verschiedenen Kriegen, die ihm durch die Araber und andere islamische Staaten aufgezwungen worden sind, Gebiete erobert. Einige dieser Gebiete hat Israel zurückgegeben, so zum Beispiel den Südlibanon, der im Libanonkrieg 1982 erobert worden war. Auch die Sinai-Halbinsel wurde von den Israelis an Ägypten zurückgegeben. Die Forderung der Araber an Israel, alle anderen während der Kriege eroberten Gebiete wieder zurückzugeben, ist für Israel ein hohes Sicherheitsrisiko. Es muß für Israel die territoriale Sicherheit gewährleistet sein. Nur unter diesem Aspekt kann Israel Gebiete zurückgeben.

In dem Camp-David-Abkommen, das zum Frieden mit Ägypten führte und am 26. März 1979 in den USA unterzeichnet wurde, sind die damals existierenden Grenzen offiziell festgeschrieben worden.

MENSCHLICH UND UNMENSCHLICH

Was wäre geschehen, wenn die Araber auch nur einen der Kriege gewonnen hätten? Diese Frage läßt sich beantworten, wenn wir die Ereignisse des Unabhängigkeitskrieges von 1948/49 näher betrachten. Die Araber hatten die Altstadt von Jerusalem erobert. Es dauerte nicht lange, und die Juden erfuhren am eigenen Leibe, was sie von einer arabischen Besetzung zu erwarten hatten: Das große jüdische Viertel der Altstadt wurde völlig zerstört, die Juden selbst wurden entweder umgebracht oder gefangengenommen, die Synagogen niedergebrannt oder geschändet. So wurde die Hauptsynagoge beispielsweise in einen Pferdestall umfunktioniert. Nicht einmal vor den Toten machten die Araber halt: Die jüdischen Friedhöfe am Ölberg wurden verwüstet und die Grabsteine für die Ausbesserung von Straßen verwendet. Die Araber überfielen auch das Gebiet von Hebron und Kfar Ezjon südlich von Jerusalem, wo bis 1948 große jüdische Siedlungen lagen. Die Juden wurden ermordet oder vertrieben, ihre Häuser und die Synagogen verwüstet.

Wie gänzlich anders behandelte Israel dagegen die Araber! Von Anfang an wurde jedem, der im Land lebte, unabhängig von Religion, Rasse oder Geschlecht, das Recht zugestanden, im Land zu bleiben und die gleichen Rechte wie alle anderen in Anspruch zu nehmen. So hatten jene Araber, die sich in Israels demokratische Staatsordnung einfügten, nie etwas zu befürchten. Israel übernahm auch den Schutz der heiligen Stätten, sowohl der eigenen als auch die der anderen Religionen. Die Juden unternahmen nie den Versuch, Kirchen oder Moscheen zu entweihen, trotz der Tatsache, daß die Moslems zwei große Moscheen auf dem Tempelberg gebaut haben, der den Juden heilig ist.

DEMOKRATIE UND DESINFORMATION

Wenn sich heute die Meinung der Weltöffentlichkeit stark gegen Israel richtet, ist dies nicht zuletzt das Ergebnis bewußt ausgestreuter Falschinformationen seitens der arabischen Welt, deren Staaten im Gegensatz zu Israel nicht demokratisch sind. Israel hat dagegen den besten, jedoch auch schwersten Weg gewählt: die Schaffung eines demokratischen Staates im Nahen Osten.

Demokratie beinhaltet allerdings immer auch Offenheit gegenüber Angelegenheiten von öffentlichem Interesse. Daher ist Israel genötigt, sich immer und immer wieder kritisch hinterfragen zu lassen und sich von Vorwürfen und

Anschuldigungen reinzuwaschen, während die Araber Falschinformationen und Lügen ausstreuen, was mittlerweile ein typisches Kennzeichen der islamischen Welt geworden ist. Wenn man die Freiheit, die im Staat Israel existiert, mit dem großen Maß an Unfreiheit vergleicht, das in den arabischen und islamischen Nationen herrscht, so kommt man zu einem schockierenden Ergebnis.

In der Unabhängigkeitserklärung Israels vom 14. Mai 1948 heißt es:

"Der Staat Israel (...) wird all seinen Bürgern ohne Unterschied von Religion, Rasse und Geschlecht soziale und politische Gleichberechtigung verbürgen. Er wird Glaubens- und Gewissensfreiheit, Freiheit der Sprache, Erziehung und Kultur gewährleisten (...) und den Grundsätzen der Charta der Vereinten Nationen treu bleiben."

Allen anerkannten Religionsgemeinschaften in Israel ist uneingeschränkte Selbstverwaltung in religiösen Angelegenheiten garantiert. Dies gilt sowohl für die Juden als auch für die 780.000 Moslems, 160.000 Christen und 90.000 Drusen.

Ebenso kann im demokratischen Israel ohne Einschränkung jeder Bürger des Landes in die Knesset gewählt werden. Mehrere Araber sitzen im israelischen Parlament, einer von ihnen war sogar als stellvertretender Minister Mitglied der Regierung.

Im Gegensatz dazu ist in allen islamischen Ländern der Islam als Staatsreligion in der Verfassung verankert. Dies gilt für Algerien, Ägypten, den Irak, den Jemen, Jordanien, Kuwait, Libyen, Marokko, Katar, den Sudan, Tunesien und die Vereinigten Arabischen Emirate. Zusatzbestimmungen in den Verfassungen legen außerdem die islamische Rechtslehre als wichtigste Grundlage der Gesetzgebung sowie Arabisch als offizielle Amtssprache fest. Ebenso haben sie bestimmt, daß die Grundsätze des Islam die Gesellschaft prägen sollen und daß es Aufgabe des Staates ist, die Gesellschaft nach den einzig wahren Prinzipien des Islam zu formen.

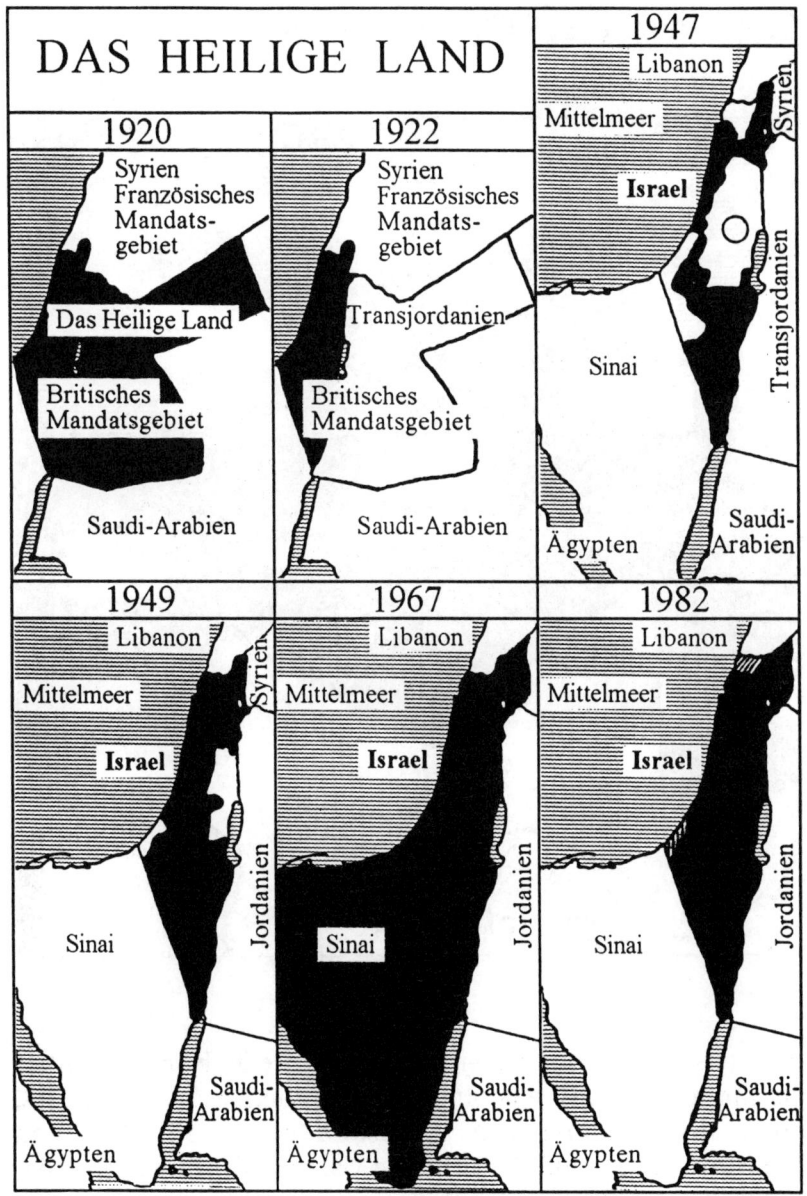

DAS HEILIGE LAND

1920

Syrien
Französisches Mandatsgebiet

Das Heilige Land

Britisches Mandatsgebiet

Saudi-Arabien

1922

Syrien
Französisches Mandatsgebiet

Transjordanien

Britisches Mandatsgebiet

Saudi-Arabien

1947

Libanon

Mittelmeer

Syrien

Israel

Transjordanien

Sinai

Ägypten

Saudi-Arabien

1949

Libanon

Mittelmeer

Syrien

Israel

Jordanien

Sinai

Ägypten

Saudi-Arabien

1967

Libanon

Mittelmeer

Israel

Jordanien

Sinai

Ägypten

Saudi-Arabien

1982

Libanon

Mittelmeer

Israel

Jordanien

Sinai

Ägypten

Saudi-Arabien

Diese Karten zeigen die Veränderungen der Gebietsaufteilung des Heiligen Landes in den letzten Jahrzehnten seit Beginn des britischen Palästina-Mandates im Jahre 1920.

55

DIE ARABISCHEN STAATEN

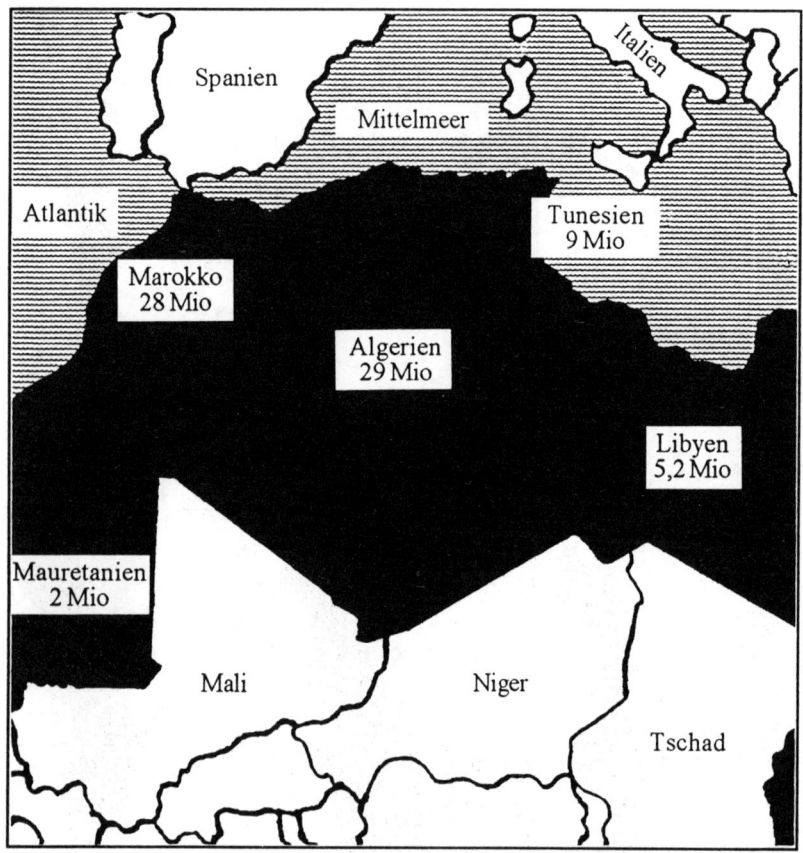

Aus dieser Karte wird ersichtlich, daß die arabischen Völker bereits sehr viele Heimatländer haben, nämlich 20 Staaten mit einer Bevölkerung von insgesamt etwa 250 Millionen Menschen. Die arabischen Staaten wären in der Lage gewesen, die 600.000 bis 700.000 palästinensischen Flüchtlinge aufzunehmen, die von den arabischen Nationen zu Beginn des Unabhängigkeitskrieges 1948 zur Flucht aus dem Heiligen Land aufgefordert worden waren. Damit hätten

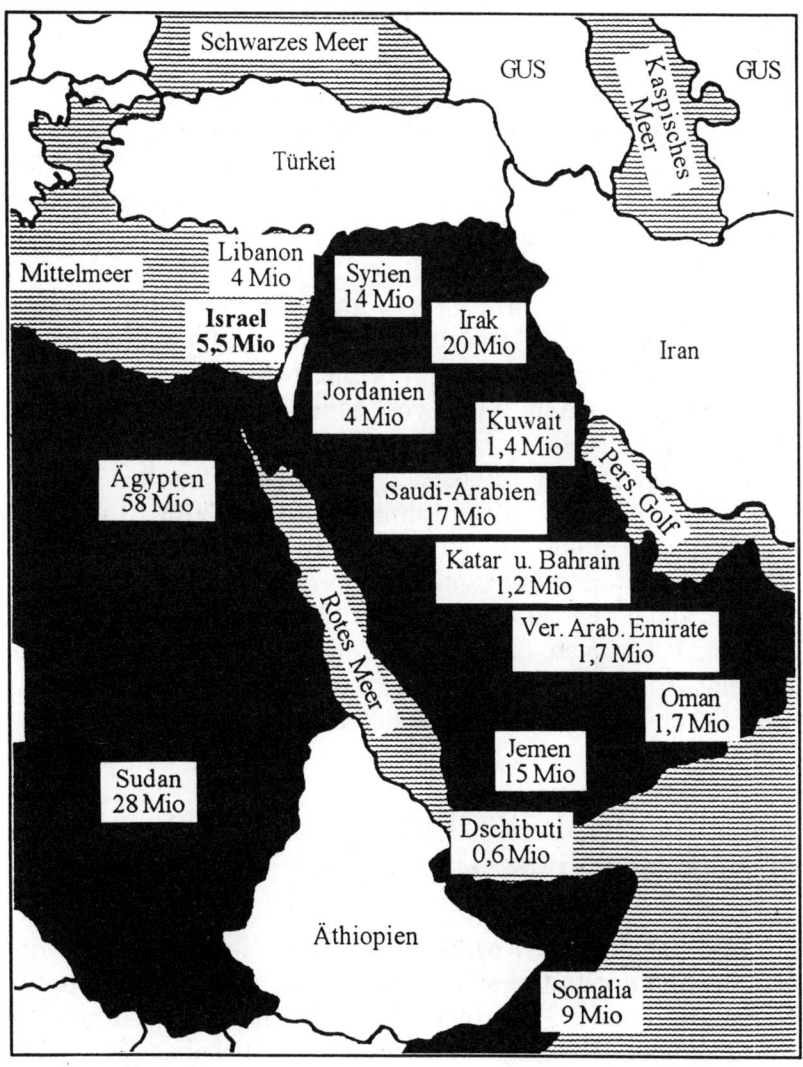

die Araber das Flüchtlingselend abwenden können. Die in die arabischen Staaten geflüchteten Palästinenser sind dort nicht integriert worden. Heute werden sie aufgefordert, unter einer palästinensischen Führung in ihre früheren Heimatorte im Heiligen Land zurückzukehren.

57

DAS FLÜCHTLINGSPROBLEM

Was das Problem der palästinensischen Flüchtlinge betrifft, so sind viele Fehlinformationen verbreitet worden, um Israel für die Schwierigkeiten verantwortlich zu machen. Israel hat jedoch von Anfang an allen Arabern, die in dem ihm zugeteilten Territorium des Heiligen Landes leben, friedliche Koexistenz mit dem jüdischen Volk garantiert. Es sind die fünf arabischen Staaten gewesen, die Israel an seinem Gründungstag angegriffen und die dort lebenden Araber aufgefordert haben zu fliehen, damit sie nicht gemeinsam mit den Juden umgebracht würden. Viele von denen, die damals geflohen sind, müssen seitdem in Flüchtlingslagern leben, denn die Araber zeigen wenig Interesse daran, diese Menschen in ihren eigenen Ländern aufzunehmen, denn dann wäre das Flüchtlingsproblem ja gelöst. So können sie entgegen der Wahrheit weiterhin behaupten: "Seht nur, was die Juden getan haben. Sie sind Schuld am Flüchtlingsproblem. Wir müssen ihr Land bekommen, damit die Flüchtlinge zurückkehren können und das Problem gelöst wird." Es ist wahrhaftig ein Wunder, daß dieser Lüge allgemein Glauben geschenkt wird!

ISRAEL RESPEKTIERT
DIE VEREINTEN NATIONEN

Israel hat die UN-Resolutionen akzeptiert. So gaben die Israelis den Forderungen der Supermächte, den Jom-Kippur-Krieg zu beenden, zu einem Zeitpunkt nach, als sie gerade die Oberhand gewonnen hatten. Andererseits haben die Araber die Resolution der Vereinten Nationen zugunsten Israels bis heute nicht akzeptiert. Selbst die Tatsache, daß Israel 1949 Mitglied der UNO wurde und damit auf internationaler Ebene als Staat anerkannt worden ist, ließ die Araber völlig unbeeindruckt. Ihr ganzes Verhalten läßt keinen Zweifel daran aufkommen, daß sie sich erst dann zufriedengeben werden, wenn Israel von der Landkarte verschwunden ist.

6 DIE PALÄSTINENSISCHE BEFREIUNGSORGANISATION

DIE PLO UND ISRAEL

Da die PLO zu den Organisationen gehört, die mit größtem Nachdruck den Juden jegliches Recht auf das Heilige Land absprechen, ist eine kurze Darstellung dieser Organisation in diesem Buch naheliegend. Die PLO im eigentlichen Sinne ist relativ jung. Sie wurde erst 1964 gegründet. Bis zum Sechs-Tage-Krieg 1967 war die PLO jedoch faktisch bedeutungslos. Im Jahre 1968 wurde Jassir Arafat zu ihrem Führer gewählt. Er war Mitbegründer der Fatah, die heute eine der vielen Unterorganisationen der PLO ist.

Es ist kaum bekannt, daß Jassir Arafats wirklicher Name Abd-el Rahman Abd-el Rauf Arafat el-Qudwa el-Husseini lautet. Er selbst hütet dieses Geheimnis sorgfältig, denn Arafats wirklicher Name enthüllt seine enge Verwandtschaft mit Hadschi Amin el-Husseini, dem ehemaligen Großmufti von Jerusalem, der während des Zweiten Weltkrieges als Berater Hitlers in Judenfragen fungierte.

Es verwundert daher nicht, daß die PLO weltweit starke Verbindungen zu neonazistischen Gruppierungen hat. (In seinem Buch "Israel, die PLO und der Libanon" listet der Autor Leif Roesaak auf den Seiten 78 - 82 elf Dokumente auf, die die Zusammenarbeit zwischen der PLO und Neonazis enthüllen. Die PLO unterhält außerdem Kontakte zu den meisten terroristischen Organisationen der Welt. Auf Seite 32 seines Buches nennt Roesaak Jassir Arafats wahren Namen und seine Verwandtschaft mit dem Großmufti.)

Auch wenn die PLO seit einigen Jahren vor der Welt-öffentlichkeit den Eindruck erweckt, daß sie an einer Lösung der Probleme im Nahen Osten auf dem Verhandlungswege interessiert ist, bleibt sie in Wahrheit eine Terrororganisation.

DAS ZIEL DER PLO

Das Ziel der PLO ist leicht zu beschreiben: die Lösung des Problems des "arabisch-palästinensischen Volkes". Das ist in Wirklichkeit eine Illusion. Die Verwendung des Begriffes "arabisch-palästinensisch" soll verdeutlichen, daß die Araber ein Recht auf Palästina hätten. In Wahrheit gab es jedoch nie auch nur eine einzige anerkannte arabische Regierung im Heiligen Land. Die Geschichte zeigt, daß in den vergangenen 3.500 Jahren Juden ununterbrochen in diesem Land gelebt haben und daß allein durch ihre Arbeit das Land wirklich fruchtbar wurde. Während der Zeit, als arabische Beduinen das Heilige Land in Besitz hatten, wurde ein großer Teil des Landes zur Wüste. Aber es geht in diesem Konflikt nicht primär um ein Land und seine Geographie, sondern um ein Volk und seine Geschichte. Die Araber leben in vielen Ländern im Nahen Osten und am Mittelmeer unter rechtmäßigen Regierungen. Dennoch beanspruchen sie unrechtmäßigerweise das Heilige Land für sich.

Da die Forderungen der PLO unhaltbar sind und keine historische Grundlage haben, konnte die PLO sich nur als Terrororganisation durch brutale und wahllose Anschläge auf Unschuldige, zumeist Frauen und Kinder, Beachtung verschaffen. Sie sprengte Passagierflugzeuge in die Luft, verübte Anschläge durch Briefbomben und durch Sprengsätze in überfüllten Bushaltestellen und Supermärkten und führte Überfälle durch Terrorkommandos aus. Der ideologische Brennpunkt der PLO ist ihr Haß auf Israel, der in terroristischen Aktionen überall auf der Welt zum Ausdruck kommt, selbst bei den Olympischen Spielen 1972 in München.

Die PLO hat es außerdem sehr geschickt verstanden, sich die Beachtung der Weltpresse zu sichern. Sieht man sich ihre Strategie jedoch genauer an, wird deutlich, daß die PLO nur ein Ziel hat, nämlich die völlige Vernichtung Israels. Direkt wird dies zwar so gut wie nie ausgesprochen. Stattdessen kann man von der "Befreiung Palästinas" und der Schaffung eines "säkularisierten demokratischen Staates" lesen. Dabei bedeutet "säkularisiert", daß in diesem Staat die Moslems anstelle der Juden an der Macht sein werden.

DER KAMPF DER PLO

Auf der 8. Vollversammlung der PLO vom 28. Februar bis 5. März 1971 wurde das Ziel der Schaffung eines demokratischen Staates erstmals in einer Resolution festgehalten. Es wurde hervorgehoben, daß der bewaffnete Kampf der Palästinenser gegen die Juden weder rassisch noch religiös begründet ist, sondern einen vereinigten demokratischen Staat in Palästina beiderseits des Jordan zum Ziel hat, der vom zionistischen Kolonialismus befreit ist und unter der Herrschaft des arabischen Volkes steht.

Einige interessante Tatsachen tauchten während der Ausarbeitung dieser Resolution in der Diskussion auf:

1. Der neue Staat soll gegründet werden, nachdem der zionistische Staat (Israel) vernichtet ist, und an seine Stelle treten.

2. Der Staat soll arabisch sein, und der arabische Charakter des Landes soll durch die Aufnahme in die arabische Staatengemeinschaft gefördert werden.

3. Juden dürfen in diesem palästinensischen demokratischen Staat nur eine Minderheit darstellen.

4. Als Einzelpersonen sollen den Juden alle Rechte zustehen, als Gruppe sollen sie jedoch keine gemeinsamen politischen Rechte haben. Im besten Fall können ihnen gewisse Rechte als kulturelle Minderheit zugestanden werden.

5. Juden steht nur dann Bleiberecht in dem palästinensischen Staat zu, wenn sie alle zionistischen Vorstellungen aufgeben.

Jedes Mitglied der PLO oder einer ihrer Unterorganisationen ist verpflichtet, diese Ansichten zu akzeptieren.

Die Nationalcharta der PLO, die seit 1968 unverändert geblieben ist, enthält 33 Artikel, einer ungeheuerlicher als der andere.

DIE PLO-CHARTA

Artikel 1: "Palästina ist die Heimstätte des palästinensischen arabischen Volkes und ein unteilbarer Bestandteil der arabischen Heimstätte. Das palästinensische Volk ist ein wesentlicher Bestandteil der arabischen Nation."

Artikel 2: "Palästina ist innerhalb der Grenzen, die es zur Zeit des britischen Mandats hatte, eine unteilbare territoriale Einheit."

Artikel 3: "Das palästinensisch-arabische Volk hat ein legales Recht auf sein Heimatland. Es wird nach der völligen Befreiung seines Heimatlandes volle Selbstbestimmung ausschließlich nach seinem eigenen Willen und Entscheid ausüben."

Artikel 19: "Die Teilung Palästinas im Jahre 1947 und die Schaffung des Staates Israel sind völlig illegal, ohne Rücksicht auf den inzwischen erfolgten Zeitablauf, denn sie geschah gegen den Willen des palästinensischen Volkes."

Und schließlich Artikel 20: "Die Balfour-Erklärung, das Mandatsdokument und alles, was auf ihnen basiert, werden für null und nichtig erachtet. Die Behauptungen einer historischen oder geistigen Bindung der Juden an Palästina stimmen weder mit den geschichtlichen Tatsachen noch mit dem gesunden Urteilsvermögen überein ... ."

ANTI-ISRAELISCHE HALTUNG

Die wiederholten Ankündigungen der PLO, in dem Land, das sie "Palästina" nennen, einen demokratischen Staat zu gründen, sollen realisiert werden. Bisher mußten sie zusehen, wie Israel dieses Ziel erfolgreich verwirklichte und allen fried-liebenden Menschen im Lande die Bürgerrechte gewährte. Mit diesen Bürgerrechten geht die PLO anders um. Das tragische Geschick des Libanon macht diese Tatsache deutlich. Dieses schwache Land im Nahen Osten wurde dazu gezwungen, der PLO Unterschlupf zu gewähren. Der Terror, den die PLO dann im Libanon verübte, führte das Land in einen Bürgerkrieg, der 98.000 Menschenleben forderte. Die PLO regierte über einen Großteil der Bevölkerung im Südlibanon mit Waffen-gewalt.

Die sich ständig wiederholende Behauptung der PLO, sie arbeite für die Sache der palästinensischen Araber, entspricht nicht der Wahrheit. Die PLO war ursprünglich kein gewähltes Organ der in Palästina lebenden Araber, auch wenn sie inzwischen durch Wahlen legitimiert worden ist. Sie wurde nicht von palästinensischen Arabern, sondern von der Arabischen Liga gegründet. Die Bezeichnung "palästinensische Araber" ist für die Welt erst zu einem Begriff geworden, als die PLO sie als Schlagwort für ihre Zwecke benutzte.

Die PLO versucht mit allen Mitteln, in der Welt einen offiziellen Status zu erlangen. Leider haben einige ehemalige Ostblock-Staaten den PLO-Büros gestattet, Botschaftsstatus anzunehmen. Die PLO ist durch ihre Büros mittlerweile in vielen Ländern vertreten. Ziel dieser Einrichtungen ist es, den Interessen der PLO durch gezielte anti-israelische Falschinformationen zu dienen. Aber das ist etwas, womit wohl jeder demokratische Staat leben muß.

7 DER ISLAM UND DAS HEILIGE LAND

FRIEDLICHE KOEXISTENZ

Bisher haben wir im Zusammenhang mit dem Islam unter anderem Bezeichnungen wie "Araber", "Palästinenser" und "PLO" benutzt, weil es diese Begriffe sind, durch die die Meinung der Weltöffentlichkeit heute geprägt wird. Der Konflikt im Nahen Osten kann jedoch nie losgelöst von der Religion des Islam betrachtet werden, weil diese die Wurzel des Problems in sich birgt.

Grundsätzlich gibt es zwischen Juden und Arabern nicht unbedingt Konflikte. Jahrhundertelang haben sie in Ländern wie dem Irak, Ägypten, Libyen, Algerien und Marokko im Ganzen relativ friedlich zusammengelebt. Eine halbe Million Juden aus diesen Staaten ist bis jetzt nach Israel eingewandert.

Als Israel von den Kreuzrittern besetzt wurde, wehrten sich Juden und Araber Seite an Seite gegen die Unterdrückung, unter der sie beide litten. Als Halbbrüder haben Juden und Araber viele Gemeinsamkeiten. Beide sind aus jeweils zwölf Stämmen hervorgegangene Völker, und ihre Wege haben sich über Jahrtausende hin häufig eher freundschaftlich gekreuzt.

In erster Linie liegt dem Konflikt nicht der Kampf um ein Land, sondern um eine Ideologie zugrunde. Die Araber zeigten jahrhundertelang kein besonderes Interesse am Heiligen Land. Es ist allgemein bekannt, daß die Gegenden des Heiligen Landes, in denen sich Araber nach dem Untergang des byzantinischen Reiches niederließen, bald anfingen zu verarmen. Das änderte sich auch nicht in den zwei Jahrhunderten, in denen die Kreuzritter im Land waren, deren Herrschaft sich im wesentlichen im Bau von Kirchen und Festungen zeigte. Mitte des letzten Jahrhunderts war das Land unter den arabischen Beduinen so heruntergekommen, daß seine Bevölkerung nur noch aus 100.000 Menschen bestand. Zur Zeit Jesu hingegen lebten drei Millionen Menschen dort. Erst als etwa seit dem Jahre 1880 die ersten Juden aus Osteuropa ins Land kamen und in harter Arbeit begannen, die malariaverseuchten Sumpfgebiete zu kultivieren, erwachte allmählich ein Interesse der Araber am Heiligen Land.

Die Araber an sich sind gar nicht das Problem. Letzteres besteht eher in der Religion des Islam, die sich immer wieder als imperialistische Kraft manifestiert hat.

ISLAMISCHER IMPERIALISMUS

Nur kurze Zeit nach dem Tode Mohammeds im Jahre 632 n. Chr. begannen die Moslems, große Teile der Welt zu erobern. Sie zogen ostwärts nach Asien, dann durch ganz Nordafrika über Gibraltar nach Spanien, das sie zum größten Teil eroberten, ebenso wie auch mehr als ein Drittel von Frankreich. Im Jahre 732 wurden sie dann 200 Kilometer südlich von Paris von dem französischen Nationalhelden Karl Martell geschlagen. Wäre das nicht geschehen, würde vermutlich ganz Europa bis heute unter einem rückständigen islamischen System leben, in dem Dieben die Hände abgeschlagen, Wucherer gehängt und untreue Ehefrauen gesteinigt werden.

Nach der Niederlage in Europa im Jahre 732 verhielten sich die Moslems lange Zeit ruhig. Erst im 15. Jahrhundert drangen sie durch Griechenland, Jugoslawien, Bulgarien, Rumänien und Teile von Ungarn nach Österreich vor, wo im Jahre 1683 die entscheidende Schlacht bei Wien geschlagen wurde. Als sie dort eine weitere Niederlage einstecken mußten, zogen sie sich langsam wieder nach Asien zurück.

URSPRUNG UND LEHRE DES ISLAM

Im Islam gibt es zwei Hauptrichtungen: die Sunniten, die mit 90 Prozent den größeren Teil bilden, und die Schiiten, die hauptsächlich im Iran leben. Die Ahmadiyya-Sekte kam Ende des 19. Jahrhunderts im Punjab in Indien auf, wird jedoch nicht als wirklich islamisch anerkannt, da ihr Glaube eine Mischung aus Islam, Christentum und Hinduismus darstellt. Der Islam begann eine rege Missionstätigkeit und baut derzeit in der ganzen westlichen Welt Moscheen. Sowohl Sunniten als auch Schiiten sehen sich als Vertreter der allein wahren Religion an und haben daher das Ziel der weltweiten Islamisierung.

Mohammed, der weder lesen noch schreiben konnte (siehe "Das Abendland am Scheideweg" von Marius Baar, S. 58), behauptete, von Gott große Offenbarungen empfangen zu haben. Er sagte, Gott habe ihm den Koran übergeben, geschrieben in arabischer Sprache. Mohammed war ein leidenschaftlicher Verfechter des Monotheismus und Allahs Prophet. Er reinigte das Heiligtum in Mekka von den 365 Götzenbildern, die sich darin befanden. Nur einer dieser Götzen, nämlich Allah, durfte fortan als Gott verehrt werden.

Zweifellos war Mohammed sowohl vom Judentum als auch vom Christentum stark beeinflußt, denn die Glaubenslehren des Islam zeigen eine gewisse Ähnlichkeit mit denen dieser zwei Weltreligionen. Islam bedeutet "Unterwerfung". Nach dem Glauben der Moslems sind alle Nationen dazu bestimmt, sich Allah und seinem Propheten Mohammed zu unterwerfen. Die Moslems glauben auch, daß sich Gott zuerst den Juden offenbarte, die jedoch die Offenbarung Gottes durch das Alte Testament verwarfen. Dann wandte Gott sich von den Juden an die Christen, denen er sich im Neuen Testament offenbarte, aber auch jene verwarfen seine Offenbarung. Schließlich wandte Gott sich den Moslems zu, indem er sich Mohammed durch den Engel Gabriel offenbarte. Die Moslems teilen mit den Juden den Glauben an einen einzigen Gott. Sie akzeptieren die Torah, behaupten aber, die Juden hätten sie verfälscht.

Auch dem christlichen Glauben stimmen die Moslems in weiten Teilen zu. Sie akzeptieren die Evangelien, meinen jedoch, auch die Christen hätten Gottes Wort verfälscht. Für die Moslems ist Jesus der größte Prophet. Sie glauben, daß er von der Jungfrau Maria geboren wurde und sündlos auf dieser Welt lebte. Der Koran bezeichnet Jesus als großen Propheten und als einzigen Menschen, der viele Wunder getan hat. Jedoch leugnet der Koran unmißverständlich die Gottessohnschaft Jesu. Die Moslems machen die Juden für die Kreuzigung Jesu verantwortlich, aber sie glauben, daß Jesus in Wahrheit zu heilig und rein war, um gekreuzigt zu werden. Deshalb sei er in den Himmel aufgefahren, und ein anderer starb an seiner Stelle. So beschuldigen sie einerseits die Juden des religiösen und politischen Mordes und leugnen andererseits den Kern des christlichen Glaubens; denn wenn Jesus nicht gestorben ist, kann es auch keine Vergebung der Sünden und keine Auferstehung von den Toten geben.

In Wahrheit glauben die Moslems, daß sich Gott zwar erst den Juden und dann den Christen offenbart hat, die endgültige und vollkommene Offenbarung aber erst Mohammed zuteil wurde. Darin besteht die eigentliche Trennungslinie zwischen dem Islam einerseits und dem jüdischen Glauben und dem Christentum andererseits. Die Moslems glauben, daß Gott früher die Juden und die Christen erwählt hat, aber daß diese Zeiten mit dem Auftreten Mohammeds vorbei waren. Seitdem, so sagen sie, hat der Islam Gottes Wohlwollen gefunden. Es ist daher interessant, die Parolen arabischer Jugendlicher während des Jom-Kippur-Krieges einmal genauer zu betrachten. Die durch Ost-Jerusalem ziehenden Horden riefen: "Am Samstag töten wir die Juden und am Sonntag die Christen!"

Als Einzelpersonen oder kleinere Gruppen werden Juden und Christen vom Islam durchaus akzeptiert. Den jüdischen Staat hingegen kann er nicht tolerieren, denn dieser stellt einen tödlichen Angriff auf das Fundament der gesamten islamischen Theologie dar. Da Gott nach ihrem Glauben sowohl Juden als auch Christen verworfen hat, darf ein jüdischer Staat im 20. Jahrhundert niemals existieren.

Es war Ayatollah Khomeini, durch den im Iran schiitische geistliche Führer an die Macht gekommen sind. Eine seiner Botschaften, die er 30 Jahre lang in seinem Einsatz für die islamische Revolution immer wieder mit Nachdruck verkündete, zuerst auf Tonbändern aus Frankreich und zehn Jahre lang als iranischer Führer, lautet interessanterweise: "Israel ist die letzte Fälschung Satans. Erst wenn Israel vernichtet ist, wird der Islam die Welt erobern."

Der Islam nimmt einen geteilten Standpunkt gegenüber den Juden und Christen ein. Einerseits bestimmt der Koran, daß Moslems das "Volk der Schrift" (die Juden und Christen) freundlich behandeln sollen. Andererseits heißt es in Sure 9, 29 ("Vergeltung"): "Krieg gegen jene, die das Heilige Buch bekommen haben und die nicht an Allah glauben (...), bis sie ihren Tribut gezahlt haben und gedemütigt sind."

Dieser offenbare Widerspruch wird vom Islam damit erklärt, daß es sich hier um die Aufhebung des einen Gebotes durch das andere handelt. Man müsse, so wird erklärt, in der Lehre des Islam leben, um erkennen zu können, was wirklich gilt. Jahrhundertelang spielte der Islam keine Rolle in der Welt. Das änderte sich erst, als Öl, das "Schwarze Gold", gefunden wurde, das dem Islam zur Macht verhalf. Die großen Paläste, die zuerst den Europäern, danach den Juden und zuletzt den Amerikanern gehörten, sind heute die Residenzen der islamischen Ölscheichs. Überall auf der Welt bedeutet Geld immer noch Macht.

DIE WURZEL DES KONFLIKTS

Das Hauptproblem im Nahen Osten ist jedoch nicht das Geld. Israel ist ein sehr kleines Land und sogar eines der wenigen im Nahen Osten, in dem weder Öl noch Gold oder Diamanten gefunden wurden. Das Problem ist auch nicht der Nationalismus. Es ist also bei weitem nicht so, wie manche behaupten, daß mit dem Verschwinden des "zionistischen Imperialismus" einerseits oder der PLO andererseits die

Schwierigkeiten beseitigt wären. Das ganze Problem ist geistlicher Natur. Sicherlich ist es nicht weiter verwunderlich, daß die UNO und die Supermächte dies nicht verstehen. Auch ist es nicht sonderlich erstaunlich, daß die Journalisten und damit die Weltöffentlichkeit nicht imstande sind, die Wurzel des Problems zu erfassen. Dagegen ist es kaum zu begreifen, daß auch viele Christen nicht erkennen, worum es wirklich geht. Die drei Religionen Islam, Christentum und Judentum sind ihrem Wesen nach intolerant, denn jede nimmt für sich in Anspruch, die eine und einzige Wahrheit zu besitzen. Der Islam behauptet, ihm sei die letztgültige Offenbarung zuteil geworden, und erklärt damit Judentum und Christentum für ungültig. Die Juden glauben, daß sie als Gottes auserwähltes Volk dazu bestimmt sind, die Welt zu segnen und in der Welt die Führung zu übernehmen. Die Christen schließlich glauben, den einzig wahren Weg zur Rettung zu kennen: Jesus Christus ist der Erlöser für die Welt, und ohne den Glauben an ihn ist die Menschheit verloren. Gott hat Jesus über alles andere erhöht.

In diesem Jahrhundert gewann der Islam sehr schnell an Macht und Einfluß über die ganze Welt, was auf die ungeheuren Ölvorkommen zurückzuführen ist, die - wie die Moslems sagen - Gottes Geschenk an sie sind. Deshalb soll sich der Islam jetzt über die ganze Welt ausbreiten. Allerdings wurde die Freude der Moslems empfindlich getrübt, als das schon totgesagte Judentum plötzlich einen eigenen Staat gründete, und zwar zu allem Überfluß auch noch im Heiligen Land, in dem Jerusalem als nach Mekka und Medina dritt-heiligste Stadt der Moslems liegt.

Wenn die biblischen Prophetien, an denen sowohl Juden als auch Christen festhalten, sich jetzt zu erfüllen beginnen, nämlich Gottes Verheißungen an Abraham, David, Jesaja, Jeremia, Daniel und viele andere Propheten, und Gott tatsächlich das Königreich für Israel wieder aufrichtet, dann ist der Islam im Irrtum. Das können die Moslems unmöglich hinnehmen. Daher muß Israel vernichtet werden, damit ihre Religion sich als wahr erweist.

8 BIBLISCHE PROPHETIE UND DAS HEILIGE LAND

DIE AUSSAGEN DER BIBEL

Ein Buch, das sich mit der Frage befaßt, wem das Heilige Land gehört, muß in diesem Zusammenhang notwendigerweise ein Kapitel über biblische Prophetie enthalten. Einige mögen der Meinung sein, daß dieses Kapitel eigentlich am Anfang des Buches stehen müßte; andere hingegen finden es uninteressant und überflüssig. Die meisten Menschen verstehen die Prophetien der Bibel nicht. Zugegebenermaßen ist die Deutung einiger biblischer Prophetien schwierig, aber die, die sich bereits erfüllt haben, beweisen, daß die Bibel wahr ist, und sie stärken unsere Hoffnung darauf, daß auch jene Prophetien, deren Erfüllung noch aussteht, eintreffen werden.

In der Apostelgeschichte heißt es:

"Und er hat aus einem Menschen das ganze Menschengeschlecht gemacht, damit sie auf dem ganzen Erdboden wohnen, und er hat festgesetzt, wie lange sie bestehen und in welchen Grenzen sie wohnen sollen, damit sie Gott suchen sollen" (Apg 17, 26. 27).

Es gehört also zu Gottes Plan, daß die Menschheit in verschiedene Völker aufgeteilt ist, die alle ihre eigenen Länder haben. Das soll sie dazu bringen, Gott zu suchen. Dies trifft vermutlich auf alle Nationen der Welt zu, doch dieser Zusammenhang ist besonders im Hinblick auf das Heilige Land von Interesse. Gott gab es zuerst den Kanaanitern, aber sie suchten ihn nicht. Daher entschied Gott, das Heilige Land Abraham und seinen Nachkommen zu geben. Im ersten Buch Mose sagt Gott zu Abraham: *"Deinen Nachkommen will ich dies Land geben" (1. Mose 12, 7).*

Gott hatte genau festgelegt, wie groß dieses Land sein sollte. Auch dies offenbarte er Abraham:

"Deinen Nachkommen will ich dies Land geben, von dem Strom Ägyptens an bis an den großen Strom Euphrat" (1. Mose 15,18).

Mit dem *"Strom Ägyptens"* ist hier nicht der Nil, sondern der kleine Fluß Wadi el Arish auf der Sinaihalbinsel gemeint, der knapp 50 Kilometer südlich vom Gazastreifen ins Mittelmeer mündet.

Gott hatte auch bestimmt, wie lange Abrahams Nachkommen das Land besitzen sollten:

"Und ich will dir und deinem Geschlecht nach dir das Land geben, darin du ein Fremdling bist, das ganze Land Kanaan, zu ewigem Besitz" (1. Mose 17, 8).

Dieselbe Verheißung gab Gott später auch Abrahams Sohn Isaak:

"... denn dir und deinen Nachkommen will ich alle diese Länder geben und will meinen Eid wahr machen, den ich deinem Vater Abraham geschworen habe" (1. Mose 26,3).

Nachdem Isaaks Sohn Jakob 20 Jahre bei seinem Onkel Laban gelebt hatte und dann zurückgekehrt war, bestätigte Gott ihm die Verheißung. Er sagte:

"... und das Land, das ich Abraham und Isaak gegeben habe, will ich dir geben und will's deinem Geschlecht nach dir geben" (1. Mose 35,12).

Nachdem das jüdische Volk mehr als 400 Jahre in Ägypten gelebt hatte, berief Gott Mose, um es von Ägypten in das verheißene Land zurückzuführen. Einige Jahrzehnte später wiederholte Mose Gottes Verheißung für das Volk Israel:

"Denn du kommst nicht herein, ihr Land einzunehmen, um deiner Gerechtigkeit und deines aufrichtigen Herzens willen, sondern (...) damit er das Wort halte, das er geschworen hat deinen Vätern Abraham, Isaak und Jakob" (5. Mose 9,5).

GOTTES SEGEN FÜR DIE ARABER

Was Abrahams Sohn Ismael betrifft, den ihm Saras Magd Hagar geboren hatte und von dem einige arabische Völker abstammen, so hat Gott auch ihm und seinen Nachkommen eindeutige Verheißungen gegeben. Abraham, der 100 Jahre alt war, glaubte nicht mehr, daß er und seine 90 Jahre alte Frau Sara noch ein Kind bekommen könnten. Er betete darum, daß sich die Verheißung, die er bekommen hatte, durch Ismael erfüllen möge, aber Gott sprach:

"Nein, Sara, deine Frau, wird dir einen Sohn gebären, den sollst du Isaak nennen, und mit ihm will ich meinen ewigen Bund aufrichten und mit seinem Geschlecht nach ihm. Und für Ismael habe ich dich auch erhört. Siehe, ich habe ihn gesegnet und will ihn fruchtbar machen und über alle Maßen mehren. Zwölf Fürsten wird er zeugen, und ich will ihn zum großen Volk machen. Aber meinen Bund will ich aufrichten mit Isaak, den dir Sara gebären soll um diese Zeit im nächsten Jahr" (1. Mose 17, 19 - 21).

Aus Gottes Wort geht also klar hervor, daß er auch die Araber segnen und zu einem großen Volk machen wird. Gott hat Wort gehalten, denn heute sind die Araber ein Volk von mehr als 100 Millionen Menschen. Was jedoch das Heilige Land betrifft, so ist dieses eindeutig Abraham, Isaak, Jakob und deren Nachkommen verheißen worden. Ganz offensichtlich ist Ismael nach der Heiligen Schrift von dieser Verheißung ausgeschlossen.

GOTTES VERHEISSUNGEN

Man könnte natürlich einwenden, daß die Erfüllung dieser Verheißung bis heute aussteht. Bereits zweimal mußten die Juden ihre Heimat verlassen: das erste Mal zwischen 605 und 586 v. Chr., als sie nacheinander in drei Gruppen in die babylonische Gefangenschaft geführt wurden, aus der sie nach 70 Jahren zurückkehrten, und das zweite Mal zu Beginn unserer Zeitrechnung im Jahre 70 n. Chr., als der größte Teil des jüdischen Volkes unter alle Nationen zerstreut wurde. Gott hatte dies bereits vorausgesagt, nachdem er ihnen durch Mose das Gesetz gegeben hatte:

"Wenn du nicht darauf hältst, daß du alle Worte dieses

Gesetzes tust, die in diesem Buch geschrieben sind, und nicht fürchtest diesen herrlichen und heiligen Namen, den HERRN, deinen Gott, so wird der HERR schrecklich mit dir umgehen (...). Denn der HERR wird dich zerstreuen unter alle Völker von einem Ende der Erde bis ans andere, und du wirst dort andern Göttern dienen, die du nicht kennst noch deine Väter: Holz und Steinen" (5. Mose 28, 58.59.64).

Gottes Verheißung ist dadurch jedoch nicht aufgehoben; den Nachkommen Abrahams, Isaaks und Jakobs ist das Heilige Land als ewiger Besitz verheißen. Die Zerstreuung unter die Nationen, die Gott ebenfalls vorausgesagt hatte, gilt nur für eine begrenzte Zeit.

DER II. EXODUS

Es gibt Hunderte von Bibelstellen, die davon sprechen, daß die Juden ihr Land wiederbekommen werden. Viele Christen glauben allerdings, daß diese Verheißungen mit der Rückkehr der Juden aus dem babylonischen Exil 538 v. Chr. erfüllt wurden. Es ist offensichtlich, daß einige Prophetien tatsächlich jene vergangene Zeit betreffen, während andere von einem Wiedererstehen des Staates Israel am Ende des jetzigen biblischen Zeitalters sprechen.

Bei einigen Prophetien der Bibel beziehen sich die Aussagen sowohl auf die Rückkehr aus Babylon als auch auf die Errichtung des Staates Israel in unseren Tagen, aber die exakte Deutung ist oft nicht einfach. Prophetien der Bibel werden in Wahrheit am besten verstanden, nachdem sie in Erfüllung gegangen sind. Wir wollen uns daher einige solcher Voraussagen einmal näher ansehen:

. "Darum siehe, es kommt die Zeit, spricht der HERR, daß man nicht mehr sagen wird: 'So wahr der HERR lebt, der die Israeliten aus Ägyptenland geführt hat', sondern: 'So wahr der HERR lebt, der die Israeliten geführt hat aus dem Lande des Nordens und aus allen Ländern, wohin er sie verstoßen hatte.' Denn ich will sie zurückbringen in

das Land, das ich ihren Vätern gegeben habe"
(Jer 16,14.15).
Hier ist die Rede von dem *"Lande des Nordens"* und von
"allen Ländern". Die ersten Juden, die zu Beginn der
gegenwärtigen Rückkehrbewegung in das Heilige Land gezogen
sind und auch zahlenmäßig am stärksten waren, kamen aus
den Ländern der ehemaligen Sowjetunion und aus Osteuropa,
was ja nördlich von Israel liegt.

Interessanterweise spricht auch der Prophet Jesaja von
Jerusalems künftiger Herrlichkeit und der Sammlung des
jüdischen Volkes. Seine Söhne sollen auf Schiffen aus der
Ferne herbeigebracht werden und wie Tauben zu ihren
Schlägen fliegen (siehe Jesaja 60, 8. 9). Vor der Erfindung
des Flugzeugs wäre dies gar nicht möglich gewesen.

Danach heißt es bei dem Propheten Jeremia:

*"Siehe, ich will sie sammeln aus allen Ländern, wohin
ich sie verstoßen habe in meinem Zorn, Grimm und großem
Unmut, und will sie wieder an diesen Ort bringen, daß sie
sicher wohnen sollen. Sie sollen mein Volk sein, und ich
will ihr Gott sein. Und ich will ihnen einerlei Sinn und
einerlei Wandel geben, daß sie mich fürchten ihr Leben
lang, auf daß es ihnen wohlgehe und ihren Kindern nach
ihnen. Und ich will einen ewigen Bund mit ihnen schließen,
daß ich nicht ablassen will, ihnen Gutes zu tun, und will
ihnen Furcht vor mir ins Herz geben, daß sie nicht von
mir weichen" (Jer 32, 37 - 40).*

DER HEILIGE ÜBERREST

Gott sagt hier, daß er den Juden eine neue Herzenshaltung
geben wird, so daß sie für immer in der Furcht des Herrn
leben werden; der ewige Bund mit ihnen bleibt also bestehen.

Auf der Apostelversammlung in Jerusalem sprachen die Leiter
der Gemeinde über die judenchristliche Haltung zu der
Verkündigung des Evangeliums unter den Heiden. Jakobus
ergriff das Wort und sagte:

"Ihr Männer, liebe Brüder, hört mir zu! Simon hat erzählt,

wie Gott zum ersten Mal die Heiden gnädig heimgesucht hat, um aus ihnen ein Volk für seinen Namen zu gewinnen. Und dazu stimmen die Worte der Propheten, wie geschrieben steht (Amos 9, 11. 12): 'Danach will ich mich wieder zu ihnen wenden und will die zerfallene Hütte Davids wieder bauen, und ihre Trümmer will ich wieder aufbauen und will sie aufrichten ...' " (Apg 15,13 - 16).

Dies ist eine Prophetie für die Endzeit. Sie stimmt vollkommen mit Gottes Verheißung überein, daß Gott Abraham und seinen Nachkommen das Heilige Land nicht nur für eine begrenzte Zeitspanne, sondern als ewiges Besitztum und Erbe gegeben hat.

GOTT WILL SICH VERHERRLICHEN

Im Laufe seiner Geschichte stand das Heilige Land immer wieder unter dem Einfluß anderer Nationen. Der Grund dafür liegt aber nicht darin, daß Gott seine Verheißungen für das jüdische Volk nicht erfüllen konnte oder wollte, sondern in der Tatsache, daß das jüdische Volk Gott nicht sucht. Es wird deshalb für eine gewisse Zeit von Gott gestraft. Manche Christen folgern daraus, daß die Juden erst zu Gott zurückkehren müssen, bevor er ihnen wieder ihr Land geben kann. Dem ist jedoch nicht so, denn die Schrift sagt, daß Gott sich erbarmt, wessen er will, und daß er verstockt, wen er will (siehe Römer 9,18). Dieselbe Aussage finden wir auch in Hesekiel 36:

"Und ich zerstreute sie unter die Heiden und versprengte sie in die Länder und richtete sie nach ihrem Wandel und Tun. So kamen sie zu den Heiden; aber wohin sie kamen, entheiligten sie meinen heiligen Namen, weil man von ihnen sagte: 'Sie sind des HERRN Volk und haben doch aus ihrem Lande fortziehen müssen!' Da tat es mir leid um meinen heiligen Namen, den das Haus Israel entheiligte unter den Heiden, wohin sie auch kamen. Darum sollst du zum Hause Israel sagen: So spricht Gott der HERR: Ich tue es nicht um euretwillen, ihr vom Hause Israel, sondern um meines heiligen Namens willen, den ihr entheiligt habt

unter den Heiden, wohin ihr auch gekommen seid"
(Hes 36, 19 - 22).
"Denn ich will euch aus den Heiden herausholen und
euch aus allen Ländern sammeln und wieder in euer Land
bringen, und ich will reines Wasser über euch sprengen,
daß ihr rein werdet; von all eurer Unreinheit und von
allen euren Götzen will ich euch reinigen. Und ich will
euch ein neues Herz und einen neuen Geist in euch geben
und will das steinerne Herz aus eurem Fleisch wegnehmen
und euch ein fleischernes Herz geben. Ich will meinen Geist
in euch geben und will solche Leute aus euch machen, die
in meinen Geboten wandeln und meine Rechte halten und
danach tun. Und ihr sollt wohnen im Lande, das ich euren
Vätern gegeben habe, und sollt mein Volk sein, und ich
will euer Gott sein" (Hes 36, 24 - 28).

DAS VOLK DES BUNDES

Die meisten Auslegungen stimmen darin überein, daß dieser
Abschnitt im Buch Hesekiel auf die Endzeit hinweist. Er spricht
nicht von der neutestamentlichen Gemeinde, sondern ganz
eindeutig vom Volk des Alten Bundes, das seinen Anteil am
Segen des Neuen Bundes empfangen wird. Ein Kapitel weiter
heißt es bei Hesekiel:
"Siehe, ich will die Israeliten herausholen aus den
Heiden, wohin sie gezogen sind, und will sie von
überall her sammeln und wieder in ihr Land bringen"
(Hes 37, 21).
"Und sie sollen wieder in dem Lande wohnen, das ich
meinem Knecht Jakob gegeben habe, in dem eure Väter
gewohnt haben. Sie und ihre Kinder und Kindeskinder
sollen darin wohnen für immer, und mein Knecht David
soll für immer ihr Fürst sein" (Hes 37, 25).
Gottes Wort spricht also auch an dieser Stelle davon, daß
die Juden in ihr Land zurückkehren und es niemals wieder
verlassen werden. Sie sollen es in Ewigkeit besitzen. Mit großer
Wahrscheinlichkeit wird diese Prophetie jetzt, am Ende des
20. Jahrhunderts, vollends in Erfüllung gehen.

LITERATURVERZEICHNIS

Baar, Marius: "Das Abendland am Scheideweg" 1979
Barret, David B.: "World Christian Encyclopedia" 1982
Churchill, Randolph u. Winston: "Seksdageskrigen" Oslo 1967
Eban, Abba: "Den arabisk-israelske konflikt"
Elon, Amos: "Stamfaedre og sonner" 1973
"Elskede for faedrenes skyld-en bog om Guds folk- Israel" (1980)
Feinberg, Charles L.: "Israel - At the Center of History & Revelation" USA 1980
Gilbert, Martin: "The Arab-Israeli Conflict" 1974
Haugan, Arne: "Israels vej mod ar 2000" 1977
"History Until 1880" Israel 1973
"History From 1880" Israel 1973
Hoeven, J.W. van der: "Israel og nationesne"
Hoffmann, Poul: "Kristendom, jodedom, islam" 1965
Katz, Samuel: "Battleground, Facts and Fantasy in Palestine" New York 1973
Krupp, Michael: "Zionismus und Staat Israel" 1985
Laffin, John: "Die PLO zwischen Terror und Diplomatie" 1985
Lambert, Lance: "Israel - Zentrum der Weltgeschichte"
Lambert, Lance: "Slaget om Israel" 1978
Neerskov, H.K.: "Det gamle Testamentes Frelseshistorie" Doxa 1984
Neerskov, H.K.: "Er bibelen trovaerdig?" Doxa 1980
Neerskov, H.K.: "Sovjet og Holocaust" 1970
Nessler, Udo u. Krosney, Mary Stewart: "Orkenlandbrug"
Neuburger, Benjamin: "Racism and Anti-Semitism in the Arab World" 1971
"PLO in Lebanon - Selected documents" London 1983
"Political Dictionary of the Middle East in the 20th Century" Jerusalem 1972
Rosenberg, Stuart E.: "To understand Jews" London 1973
Roswall, Samuel: "Den lange vej-fra Israels historie" 1982

Roessaak, Leif: "Israel, PLO og Libanon" Oslo 1982
Sivertsen, Eyvind: "Det store drama" 1959
Strom, Erling: "Bibelens profetier opfylles i Israel i dag" Oslo 1967
Thorngreen, Frode: "Staten Israel og de bibelske profetier" 1965
Weizmann, Chaim: "Et liv for Israel" Oslo 1949